El mundo es un pañuelo – die Welt ist ein Taschentuch

Denn ein Flug nach Spanien oder Lateinamerika ist für die meisten inzwischen nichts Ungewöhnliches mehr. Aber mit dem Hinkommen ist es nicht getan. Wer ankommen will in der fremden Welt, wer zu ihr Kontakt aufnehmen möchte, braucht die Sprache. Wer Spanisch spricht, der erschließt sich fast einen Kontinent, Lateinamerika, und ein europäisches Nachbarland dazu. «MultiLingua Spanisch» ist ein Kurs von Anfang an: eine Anleitung zur Kommunikation, nahe an der Umgangssprache, ein Einstieg, der den Weg zu rund 40 Millionen Spaniern und 300 Millionen Latinos verkürzt.

rororo sprachen
Herausgegeben von Ludwig Moos

Überarbeitete Neuausgabe von «Español Uno»
Veröffentlicht im
Rowohlt Taschenbuch Verlag GmbH,
Reinbek bei Hamburg, April 1998

Umschlaggestaltung
Walter Werner (Foto: D. Matal/Premium)
Layout und Grafik
Iris Christmann/Alexander Urban
Zeichnungen
Detlef Surrey
Satz **Times und Futura PostScript,**
PageMaker 6.0
Gesamtherstellung
Clausen & Bosse, Leck
Printed in Germany
ISBN 3 499 60475 2

Als tönenden Begleiter zu «Spanisch von Anfang an» gibt es unter dem gleichen Titel eine Tonkassette, die mit hörspielhaften Dialogen, Tests und Musik das Ohr für die Sprache schärft und im Sprechen übt (rororo sprachen 60467).

Christof Kehr ist Hispanist, Sprachlehrer und Autor (unter anderem: «Anders reisen: Andalusien» und «Spanisch in letzter Minute»). Ana Rodríguez Lébron arbeitet als Lehrerin in Motril/Andalusien. Beide zusammen haben den Folgeband zu diesem Sprachkurs, «Español Dos», und einen Schlüssel zu den spanischen Redewendungen, «Dichos y Frases», veröffentlicht.

Zu diesem Sprachkurs ist beim Systhema Verlag, München, eine CD-ROM unter dem Titel «MultiLingua Classic: Español Uno» (23196) erschienen.

Christof Kehr

Ana Rodríguez Lebrón

Spanisch

von Anfang an

Rowohlt

rororo

ÍNDICE

INHALT

VORWORT

Sie sehen auf diesen Seiten drei gezeichnete Szenen, in denen genau das passiert, was jedem widerfährt, der sich am Anfang ohne Sprachkenntnisse durchwurstelt. Die Antworten können Sie sich schon mal merken, sie sind immer hilfreich, wenn man den Redefluß der Spanier ein bißchen bremsen möchte. Zu hören sind die Szenen auf dem Tonträger ganz am Anfang.

Ist es nicht ein blödes Gefühl, wenn man mit einer Gruppe ein fremdes Land bereist und sich vom Reiseleiter jedesmal die ganze Speisekarte übersetzen lassen muß? Oder man steht im Laden, hat es eilig, zwei geschwätzige Alte drängen sich dreist vor, und man kann sich nicht wehren, weil man der Sprache nicht mächtig ist. Wäre es nicht schön, die andere Sprache «fließend» zu beherrschen? Gemeint ist damit, daß man einen anfänglichen Berg von Unverständnis abgetragen und sich so das fremde Idiom langsam zu eigen gemacht hat.
Perfekt werden die Kenntnisse in der fremden Sprache selten, dazu fehlen ganz einfach Kindheit, Familie und Schule in dem anderen Land. Leidlich sich mitteilen – das bekommen dennoch viele hin, und fließend reden – das ist auch für fast jeden möglich. Aber dazu braucht es Zeit und Geduld, es geht nicht in einem dreiwöchigen Crash-Kurs. Da lernt man allenfalls, sich irgendwie verständlich zu machen und das Gröbste zu verstehen. Warum sollte es auch so schnell gehen? Es muß schließlich etwas bisher Unbekanntes in einem wachsen.

Es gibt auch keine Regel, wie lange es dauern muß, bis man die fremde Sprache einigermaßen spricht und versteht. Chinesisch ist für uns schwieriger als Spanisch. Der eine hat sich in

vier Monaten im Land freigesprochen, und der andere geht allwöchentlich für 90 Minuten in einen Abendkurs und schafft dann nach dreieinhalb Jahren die Zertifikatsprüfung. Aber auf welche Art auch immer – beide müssen die gleichen Wörter und grammatikalischen Strukturen lernen, sei es wie spielend im Kaffeehaus oder büffelnd und paukend im stillen Kämmerlein. Nicht jeder braucht grammatikalische Regeln – wichtig ist, daß es mehr oder weniger korrekt aus einem heraussprudelt. Grammatik ist längst kein Selbstzweck mehr beim Sprachenlernen. Wenn, dann soll sie eine Hilfe dafür sein, daß man sich beispielsweise einprägt: «Aha, das funktioniert also immer so. Perfekt ist immer mit *haben*, nie mit *sein*.» Aber Vorsicht: Das theoretisch formulierte Regelsystem kann auch leicht im Weg

¿cómo?
wie?
no entiendo
ich verstehe nicht
no soy español
ich bin kein Spanier
más despacio
langsamer
por favor
bitte
fumar
rauchen
no gracias
danke nein
perdón
Entschuldigung

¡ioga!
hören Sie!
la estación
der Bahnhof
¿donde está?
wo ist?
el autobus
der Bus
la estación de trenes
der Bahnhof
¡hable despacio!
sprechen Sie langsam
muchas gracias
vielen Dank

stehen. Dann nämlich, wenn es darum geht, sich mitzuteilen, mit einem Muttersprachler zu reden. Dann wirken Selbstzweifel und Probleme wie «Sage ich das auch korrekt? Heißt es jetzt *el día* oder *la día*?» hinderlich, denn sie tragen nicht zum Kommunikationsfluß und gegenseitigen schnellen Verständnis bei.

Nur beim Lernen soll der uns innewohnende Perfektionstrieb seinen Platz haben. Mut, Fehler zu machen – das gehört zum Sprechen und befähigt uns zum Spielen mit der neuen Sprache: Wörter ausprobieren, Wortspiele erfinden, mit neu Gelerntem Jonglierübungen machen und sich freuen, wenn die angewandten Kenntnisse eine Wirkung zeigen.

Und noch etwas: Eine lebendige Sprache braucht den Kontakt mit lebenden Menschen. Wer sich ein Minimum an Kenntnissen erworben hat, der sollte so bald wie möglich in ein spanischsprechendes Land fahren – wenn irgend möglich allein. Eintauchen in die andere Kultur, seine eigene Sprache für die Dauer von einigen Wochen vergessen – das gibt einen mächtigen Schub auf dem beschwerlichen Weg zur Könnerschaft. Und wer einen Sprachkurs macht, der sollte am Anfang mit sich selbst streng sein und auf den Kontakt mit den eigenen Landsleuten verzichten. Dies bedeutet vielleicht etwas mehr Alleinsein in den ersten Tagen, aber es zwingt dazu, Berührungsängste abzubauen und offen zu sein für die ortansässigen Muttersprachler.

GEBRAUCHSANWEISUNG

INSTRUCCIONES PARA EL USO

Spanisch von Anfang an ist ein vollständiges Lehrwerk. Wir vermitteln Ihnen hiermit den Einstieg in die wichtigsten kommunikativen und grammatikalischen Strukturen der spanischen Umgangssprache. Wenn Sie diesen Band durchgearbeitet haben, dann können Sie weiterlernen mit dem Rowohlt-Band ***Español Dos*** (rororo 8845).

Ein Lehrbuch kann einen längeren Aufenthalt in einem anderen Land und den Umgang mit den dort lebenden Menschen nicht ersetzen. Deswegen sind die Dialoge, Übungen und Tests auf der Audio-CD beziehungsweise der Tonkassette vor allem für Selbstlerner unverzichtbar. Wer ***Spanisch von Anfang an*** gründlich durchgearbeitet hat, der wird sich in jedem spanischsprachigen Land selbständig bewegen können und klarkommen im Alltag. Und er wird für sich eine Menge sprachlicher und kultureller Geheimnisse entdecken, die zu ergründen den Aufenhalt so spannend machen kann.

Diese Gebrauchsanweisung ist ein Vorschlag, wie ein Selbstlerner ohne Lehrer mit Buch und Kassette vorgehen kann. Natürlich gibt es auch andere Möglichkeiten, vor allem für diejenigen, die in einer Gruppe mit Lehrer lernen.
Spanisch von Anfang an umfaßt acht Lektionen (TEMA 1–8). Jedes Tema besteht aus Dialogen,

Grammatik und Übungen (**TEORÍA** und **PRÁCTICA**) und einem Lesetext (**LECTURA**). Nach jeweils zwei **TEMAS** folgt zur Wiederholung ein **TEST** mit Hörverständnisübungen. Lösungen zu den Übungen (**SOLUCIÓN**) und Schlüssel der Tests (**CLAVE**) stehen im Anhang. Für Zweifelsfragen finden Sie unter **CHEQUEO** ein deutsch-spanisches, spanisch-deutsches Glossar mit allen Wörtern, die im Buch vorkommen.

Wir schlagen vor:

1. Hören Sie sich zunächst die Dialoge von der Audio-CD beziehungsweise der Tonkassette an und achten Sie vor allem darauf, worum es geht, was überhaupt passiert (Essen, Einkaufen, Familie ...).
2. Nehmen Sie sich die Texte im Buch vor und arbeiten Sie sie mit Hilfe des Vokabulars (**¡APRENDE!**) genau durch («Was heißt *caja*?» – ach so, das heißt Kasse!).
3. Hören Sie sich nun die Dialoge zum zweitenmal an – sicher werden Sie fast alles verstehen.
4. Beantworten Sie jetzt die Fragen zum Dialog unter **¡ESCUCHA!**. Die Lösungen dazu finden Sie im Anhang.
5. Man lernt die Wörter (**¡APRENDE!**) vielleicht auch, indem man die Spalten mit einem Zettelchen hoch- und runterfährt und sich jeweils Spanisch beziehungsweise Deutsch abfragt. Dann schaut man in der Grammatik (**TEORÍA**) das nach, was einen zuerst interessiert.
6. Hören Sie die Dialoge zum drittenmal an und achten Sie darauf, wie gesprochen wird (Verlauf der Satzmelodie, Pausen, Lautbildung).

Die Übungen werden, wenn es darum geht, einzelne Wörter einzusetzen, im Buch gemacht.
Ganze Sätze oder eigene Dialoge schreibt man in ein gesondertes Heft.

7. Jetzt können Sie sich die **TEORÍA** vornehmen und haben immer auf der rechten Seite die **PRÁCTICA** dazu.
8. Sind die Übungen alle gemacht und mit Hilfe des Schlüssels korrigiert, dann ist es Zeit, sich zurückzulehnen und das Buch im Buch aufzuschlagen: **LECTURA**. Die kleinen Geschichten bestehen immer aus dem Wortschatz der neuen Lektion. Wer alles einigermaßen durchgearbeitet hat, der liest diese Texte ohne Mühe. Einige wenige neue Wörter sind als Fußnoten gekennzeichnet und am Seitenrand übersetzt.
9. Beantworten Sie jetzt die Fragen (¿sí o no?) zu dem **LECTURA**-Text. Auch hierzu finden Sie die Lösungen unter **SOLUCIÓN**.
10. Nach jeweils zwei **TEMAS** besteht die Möglichkeit, das neu Erlernte zu überprüfen. Der **TEST** mit Hörverständnisübungen greift den neuen Stoff noch einmal auf. Die Auswertung im Anhang ist nicht immer ganz ernst zu nehmen!
11. Sollten Sie immer noch Fragen haben, so schauen Sie im Anhang nach: Wörter unter **CHEQUEO**, Schrift und Aussprache unter **LAS LEYES** und Grammatik unter **GRAMÁTICA**.
12. Kaufen Sie sich ein spanisches Wörterbuch, hin und wieder eine spanische Zeitung am Bahnhofskiosk oder wo auch immer, holen Sie sich spanisches Fernsehen mit der Satellitenschüssel ins Wohnzimmer, stellen Sie im Radio spanischsprachige Sendungen ein (auf Kurzwelle und abends auf Mittelwelle von Sendern der ARD) und suchen Sie den Kontakt zu «nativos» (Eingeborenen), zu Muttersprachlern.

¡Que se divierta!
Viel Spaß!

Die Piktogramme im Übungsteil

Zur besseren Übersicht sind die praktischen Übungen durch Symbole gekennzeichnet. Im folgenden sind sie näher erläutert:

... bedeutet **¡Ojo!**. Das heißt «Auge» und steht für Wachsamkeit. Besondere Aufmerksamkeit ist hier angebracht.

... heißt: Man soll die Übung in einem gesonderten Heft ausführen. Das Schreiben will geübt sein, in einem Taschenbuch ist dafür zuwenig Platz.

... heißt reden, sprechen, murmeln, plappern, die Sprechwerkzeuge trainieren. Und es heißt: Sie müssen die Übung nicht unbedingt schriftlich fixieren.

... Nachdenken ist hier angebracht, überlegen, die grauen Zellen mobilisieren.

... heißt: Diese Tracknummer auf der CD müssen Sie ansteuern, um den Text/die Übung zu hören. Wer eine Tonkassette hat, dem hilft nur spulen.

TEMA 1

¿¿ PREGUNTAR ??

En la calle

¿Cómo voy a la estación de trenes?

No hay tren aquí. Sólo autobús y taxi, claro.

Sí papá, ¿por qué no cogemos un taxi?

¡Noooo..., no tengo dinero, no tengo bastante dinero! ... Vamos en autobús.

¿No hay un médico por aquí?

No sé ... no vivo aquí.

¿O una farmacia?

Hay dos bares, mmh, sí, hay un veterinario.

Vale, vale, muchas gracias.

¿Adónde quiere ir usted?

¿Cómo?

¿Adónde vamos?

Al aeropuerto, por favor.

En seguida, señora.

Vamos – das kennen Sie bestimmt schon: **gehen wir!** oder **wir gehen**. *Voy* ist die Einzahl: **ich gehe**.

Vale, vale – **Okay, schon in Ordnung**, es kann auch gebraucht werden, um den anderen abzuwürgen, dann entspricht es unserem **ist ja schon gut**.

gesprochen
[gua-char-fara-gu-it]

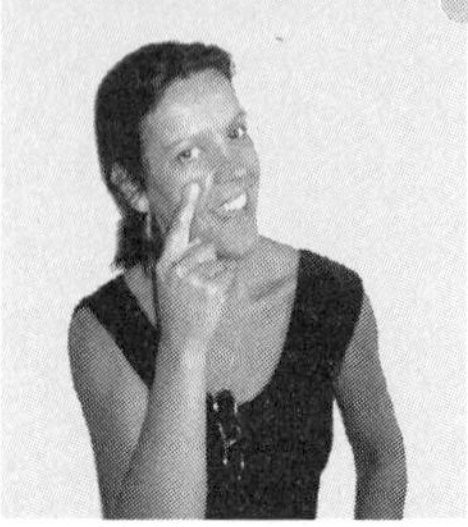

El estadio Bernabéu, ¿dónde está, por favor?

Ohh, está muy lejos. Va el "C 1".

¿Hay un autobús a Guajar Faragüit ?

Hoy creo que no, mañana por la mañana.

¡Mira mamá, un alemán! ¿Por qué es rubio?

Porque es alemán.

Quiero un helado.

Ahora no.

Mamá, quiero un helado.

¡Ahora nooo! Porque luego no comes.

Perdone, ¿hay una tienda por aquí?

¿Una tienda?, no sé. Ahh sí, en la plaza a la derecha hay un supermercado.

¿Está lejos?

No, ahí mismo.

¿Gasolina? ¿Una estación de servicio?

¿Una gasolinera, dice?

Sí, gasolina, gasolina....

Bueno, es un poco complicado. A la salida del pueblo - cerca de la iglesia ...

El Bar Pesetas, por favor.

Por aquí no hay ningún Bar Pesetas.

¿El Hotel Alcázar, por favor?

Ni idea, no sé donde está.

Hombre, ¡aquí mismo!

Lerntip!

Wir schlagen vor:

1. Die Vokabeln auf S. 18/19 zwei- bis dreimal überfliegen.

2. Den Dialog von der CD/MC zweimal hören.

3. Die Fragen unter ¡Escucha! beantworten und die Lösungen überprüfen.

4. Den Dialog dann lesen und nachschauen, was Sie nicht verstehen.

5. Die Vokabeln lernen, z.B. indem Sie sie auf kleine Zettelchen schreiben.

6. Den Dialog noch einmal hören, und wo immer es möglich ist, nachsprechen.

En el hotel

Buenos días, ¿cuánto vale la habitación?

Lo siento, el hotel está completo.

¿Tiene usted cambio?

¿Cómo?

Cambio, monedas, duros,... money, money...

A sí, ¡claro que sí!

¿Cómo está el tiempo en Barcelona?

No está muy bueno. Hace frío en la calle.

Aquí hace calor...

¿Puedo llamar por teléfono?

Aquí en el hotel no hay teléfono público. Pero en la calle a la izquierda tien una cabina. Está cerca, en la Plaza Urquijo, a die minutos andando...

¡Mistkerl!

... el avión es muy caro.

¿Por qué no vas en tren?

No tengo tiempo, esta noche empieza el congreso.

¡APRENDE!

¿¿Preguntar??
Fragen

En la calle
Auf der Straße

¿cómo voy a ...?
wie komme ich zu/ nach ...?
no hay tren aquí
es gibt keinen Zug hier
sólo
nur
claro
klar
¿por qué no vamos en taxi?
warum fahren wir nicht im Taxi?
sí
ja
el papá
der Papa
no tengo dinero
ich habe kein Geld
bastante
genug
entonces
dann, also
¿no hay un médico por aquí?
gibt es keinen Arzt hier in der Gegend?
bueno/a
gut
no sé
ich weiß nicht
o una farmacia
oder eine Apotheke
dos bares
zwei Kneipen
un veterinario
ein Tierarzt
vale
okay, schon in Ordnung
¿adónde quiere ir?
wo wollen Sie hin(fahren) ?
al aeropuerto
zum Flughafen
en seguida
sofort
la señora
die Dame
el estadio Bernabéu
das Bernabéu-(Fußball-)Stadion
¿dónde está?
wo ist das?
muy lejos
sehr weit
va el «C 1»
der «C 1» fährt
hoy no
heute nicht
mañana por la mañana
morgen früh
¡mira mamá!
schau, Mami!
un alemán
ein Deutscher
¿por qué es rubio?
warum ist er blond?
porque es alemán
weil er deutsch ist
quiero
ich möchte/will
un helado
ein Eis
ahora no
jetzt nicht
luego no comes
später ißt du nicht
¡perdone!
entschuldigen Sie!
una tienda
ein Geschäft
en la plaza
auf dem Platz
a la derecha
rechts
el supermercado
der Supermarkt
¿está lejos?
ist das weit?
ahí mismo
gleich dort drüben
la gasolina
Benzin
una estación de servicio, una gasolinera
eine Tankstelle
dice
Sie sagen
es un poco complicado
es ist ein bißchen schwierig
a la salida
am Ausgang
del pueblo
des Dorfes
cerca de
nahe
la iglesia
die Kirche
ningún bar
keine Kneipe
ni idea
keine Ahnung

En el hotel
Im Hotel

buenos días
guten Tag (vormittags und mittags)
¿cuánto vale?
wieviel kostet?
la habitación
das Zimmer
lo siento
es tut mir leid
el hotel está completo
das Hotel ist besetzt
¿tiene cambio?
haben Sie Wechselgeld?
las monedas
die Münzen
los duros
die 5-Peseten-Münzen
¡claro que sí!
klar!, natürlich!
¿cómo está el tiempo?
wie ist das Wetter?
pues
nun (Füllwort, unübersetzbar)
no está muy bien
es ist nicht sehr gut
hace frío
es ist kalt
en la calle
auf der Straße, draußen
aquí hace calor
hier ist es heiß
¿puedo llamar por teléfono?
kann ich telefonieren?
el teléfono público
das öffentliche Telefon
pero
aber
a la izquierda
links
una cabina
eine Zelle
a diez minutos andando
zehn Minuten zu Fuß
el avión es muy caro
das Flugzeug ist sehr teuer
¿vas en tren?
fährst du mit dem Zug?
no tengo tiempo
ich habe keine Zeit
esta noche
heute abend/nacht
empieza el congreso
der Kongreß beginnt

¡Escucha! 1

en la calle	sí	no
1. Papa hat kein Geld fürs Taxi.	☐	☐
2. Es wird ein Arzt gesucht.	☐	☐
3. Die Fahrt geht zum Bahnhof.	☐	☐
4. Der Bus C 2 fährt zum Bernabéu-Stadion.	☐	☐
5. Heute fährt ein Bus nach Guajár Faragüit.	☐	☐
6. Der Bub möchte eine Cola.	☐	☐
7. Der Supermarkt ist auf dem Platz.	☐	☐
8. Im Dorfzentrum gibt es keine Tankstelle.	☐	☐
9. Die Bar Pesetas ist in der Nähe.	☐	☐
10. Beide stehen vor dem Hotel Alcázar.	☐	☐
en el hotel		
1. Es sind noch Zimmer frei.	☐	☐
2. Einer braucht Wechselgeld.	☐	☐
3. In Barcelona ist es heiß.	☐	☐
4. Der Rezeptionist läßt den Gast telefonieren.	☐	☐
5. Noch heute fängt der Kongreß an.	☐	☐

TEORÍA

¡Hable despacio!

Spanischsprechende übergießen den neu Angekommenen mit einem unaufhaltbaren Redeschwall. Da heißt es **bremsen**, **nachhaken**, **unterbrechen**, um Luft zu holen:

¿cómo? wie?
no entiendo ich verstehe nicht
más despacio langsamer
¡hable despacio! sprechen Sie langsam!
¡por favor! bitte!

Je nachdem, mit wem wir es zu tun haben, fällt das nun folgende leichter und verständlicher aus. **Gezielte Fragen** können dann nachhelfen:

¿dónde?
wo?
¿adónde?
wohin?
¿por qué?
warum?
¿cuánto vale?
wieviel kostet?
¿puedo ...?
kann ich ...?
¿cómo voy a ...?
wie komme ich zu/nach ...?
¿cómo está ..?
wie ist .../wie geht es ...?

PRÁCTICA

1. Nachhaken

1. La estación está **en la calle Flores**.

¿ .... ?

2. La habitación vale **dos mil pesetas**.

¿ Cuánto vale .... ?

3. La tienda está **en la plaza**.

¿ .... ?

4. Hay una iglesia **a la derecha del hotel**.

¿ .... ?

5. Voy **a la farmacia**.

¿ .... ?

6. Vamos **al aeropuerto**.

¿ .... ?

Schauen Sie auf die Seite links und fischen Sie sich das jeweils passende Fragewörtchen raus.

2. Ich nix verstehen

1. ¡Lehedichoquedejedefumar! (**Langsam, bitte!**):

.... despacio, por favor ....

2. ¡Estáprohibidofumarenlosautobusespúblicos! (**Ich verstehe nicht!**):

....

3. Puesaquíalavueltaestálaparadadel-ochentaytres... (**Bitte?**):

....

4. Lellevadirectamentealaestación... (**Sprechen Sie langsam!**):

....

5. ¡Hágameelfavordeapagarsucigarillo! (**wie?**):

....

Übersetzen Sie, was in Klammern steht.

TEORÍA

¿Dónde?
Wo?

Um zu beschreiben, **wo** sich etwas befindet, benutzt man die folgenden Ausdrücke:

cerca nahe
lejos weit (weg)
a la derecha rechts
a la izquierda links
en la plaza auf dem Platz
en la calle auf der Straße/draußen
a dos minutos zwei Minuten (von hier)
a dos kilómetros zwei Kilometer (von hier)
por aquí hier in der Gegend

Noch genauer werden die Fragen, wenn man in **Beziehung** setzt:

cerca de la plaza in der Nähe des Platzes
lejos del hotel weit weg vom Hotel
a la derecha de la **tienda** rechts vom Geschäft
a la izquierda del bar links von der Kneipe
en la plaza del pueblo auf dem Dorfplatz
a dos minutos de la plaza zwei Minuten vom Platz
a dos kilómetros de aquí zwei Kilometer von hier

¿Cuándo?
Wann?

Einige Angaben für die Zeit sind:

esta noche	heute abend/nacht
esta mañana	heute morgen
mañana	morgen
hoy	heute
mañana por la mañana	morgen früh
mañana por la noche	morgen abend/nacht

3. *¿Dónde está...?*

1. El hotel está ....
2. La plaza está ......en el centro......................
3. La farmacia está ....
4. El bar está ....
5. La gasolinera está ....
6. El estadio de San Bernabéu está ....
7. La cabina telefónica está ....

4. *¿Qué ve en el mapa?*
Was sehen Sie auf dem Stadtplan?

(verschiedene Antworten möglich)

1. En la plaza hay ....
2. A la izquierda del hotel está ...la farmacia.......
3. Cerca del hotel está ....
4. En la calle hay ....
5. Por aquí ....

TEORÍA

Die Artikel

Es gibt hauptsächlich zwei Artikel: **el** – männlich, **la** – weiblich. Wichtig ist, sich mit jedem Wort den Artikel einzuprägen, denn er läßt sich nicht einfach aus einer Sprache in die andere übernehmen. So heißt es z. B. **la plaza** – der Platz; **el teléfono** – das Telefon; **la estación** – der Bahnhof; **el bar** – die (Bar) Kneipe. Manchmal entspricht sich das Geschlecht: **el día** – der Tag; **la noche** – die Nacht. Und manchmal verhält es sich entgegengesetzt: **el sol** – die Sonne; **la luna** – der Mond. Es gibt also keine Regel dafür, ob das Geschlecht eines Hauptwortes männlich oder weiblich ist.

el – la

Gott sei Dank braucht man aber nicht bei jedem Wort den Artikel neu zu lernen. In der Regel sind nämlich Hauptwörter mit einem **o** am Ende männlich, mit einem **a** sind sie weiblich:

el helad**o** – **el** cambi**o** – **el** estadi**o** – **el** congres**o**
la salid**a** – **la** tiend**a** – **la** plaz**a** – **la** play**a**

Für die Wörter, die nicht auf **o** oder auf **a** enden, hilft nur eins: sich den Artikel mit einprägen:

el alemán – el bar – el hotel – el tren – la calle – la estación

del und al

Achtung, es wird zusammengezogen:
de und **el** zu **del**
a und **el** zu **al**

un – una

Der **unbestimmte Artikel** heißt **un** und **una**:

un pueblo – **un** aeropuerto
una iglesia – **una** salida

Land und Leute – Der erste Kontakt

Keine Angst vor Ansteckung, die Spanier küssen gerne. Helga steht in einer Kneipe und kommt mit Mari Angeles ins Gespräch. Zehn Minuten später kommt Jürgen, der Freund von Helga, in die Kneipe. Helga stellt ihre neue Bekannte vor, und was passiert? Mari Angles hält dem ihr bisher unbekannten Jürgen die Backe hin, damit er ihr ein Küßchen aufdrückt. Als grobe Regel gilt: Frauen grüßen sich mit Küßchen, Männer und Frauen auch mit Küßchen, Männer je nachdem: gute Freunde, die sich länger nicht gesehen haben, auch mit Küßchen, ansonsten mit Handschlag oder ganz einfach verbal mit einem **hola**.

5. *¿El o la?*

....................farmacia, ...bar,
.........................dinero, ...aeropuerto,
.........................tienda, ...plaza,
..................habitación, ...congreso,
.........................iglesia, ...pueblo.

6. *¿Un o una?*

.... avión, ... noche, ... hotel,
.... calle, ... tren, ... salida,
.... minuto, ... teléfono, ... cambio,
...... gasolinera, ...veterinario, ...señor,
.... alemán, ... alemana.

TEORÍA

hay un/una – está el/la

Wann gebrauche ich nun **el/la**, wann **un/una**?

¿Dónde **hay una** farmacia? En la plaza **hay una** tienda.

Bei **hay** steht etwas Unbestimmtes, vielleicht eins von vielen (es gibt mehrere Apotheken, auf dem Platz vielleicht sogar acht oder zehn Geschäfte, **un/una** ist also meist eines von vielen).

La iglesia **está** en **la** plaza. ¿Dónde está **el** aeropuerto?

Bei **está** steht, was näher bezeichnet ist, was es nur einmal gibt (die Kirche, meist die einzige im Dorf auf der plaza, dem Hauptplatz).
En la playa hay **dos** tiend**as**.

El Plural

Der Plural

Der **Plural** wird ganz einfach gebildet:

1. Wörter, die auf Vokal (**a**, **e**, **i**, **o**, **u**) enden, bekommen ein **s**

el congreso – **los** congresos
el médico – **los** médicos
el taxi– **los** taxis
la tienda – **las** tiendas
la noche – **las** noches
la calle – **las** calles

2. Wörter auf Konsonnant (**b**, **d**, **l**, **n**, **s**, **z**) bekommen im Plural ein **es**

la estación – las estacion**es**
el hotel – los hotel**es**
la catedral – las catedral**es**
el bar – los bar**es**

Hören oder lesen wir **diez minutos**, dann wissen wir: ¡aha! – minut**os**, es muß also in der Einzahl heißen **el/un minuto**. Bei **la estación de trenes** – der Bahnhof, steht **trenes**. Wörter auf **e** können männlich oder weiblich sein. Wir müssen uns also einprägen: **el** tren (der Zug).

7. Wie geht der Satz weiter?

1. Está en la plaza	**a** a Barcelona?
2. ¿Hay un autobús	**b** está en la calle Nueva.
3. El bar Pesetas	**c** la gasolinera?
4. No hay	**d** tren aquí.
5. ¿Dónde está	**e** de la iglesia.

8. Wie ist die Mehrzahl?

1. la cabina ......las cabinas......
2. una cabina ......dos cabinas......
3. el congreso ....
4. la calle ....
5. un teléfono ....
6. el tiempo ....
7. una moneda ....
8. la habitació ....
9. un hotel ....
10. el bar ....
11. la salida ....
12. una plaza ....
13. el estadio ....
14. el tren ....
15. un médico ....
16. un español ....

TEORÍA

Nicht nein sagen können ...

... ist ein weitverbreiteter Sprachfehler. Dieses wichtige Muster im Umgang stellt sich auf spanisch ganz einfach dar:

¡Noooooo ...! sagt der Vater, no tengo dinero, no tengo bastante dinero. (Nein, ich hab kein Geld, ich hab nicht genug Geld) **No** steht also für:
1. nein, 2. kein und 3. nicht.

1. Abgetrennt durch Komma vor dem eigentlichen Satz heißt **no**: nein. Es ist hier das Gegenteil von **sí**: ja.
2. Vor dem Verb, **no entiendo** (ich versteh nicht), heißt **no**: nicht. Soll ein anderer Teil des Satzes verneint werden, dann steht das **no** auch vor dem Verb: **no tengo bastante dinero** (nicht genug).
3. Hauptwörter werden auch verneint, indem das **no** vor das Verb gestellt wird: **no tengo dinero**, ich habe kein Geld. Kommt ein Akkusativobjekt vor, dann bedeutet das **no**: kein. **En el hotel no hay teléfono público** – im Hotel gibt es keinen öffentlichen Münzfernsprecher.

Por aquí no hay ningún Bar Pesetas. Hier in der Gegend gibt es keine «Bar Pesetas».

Soll das «kein» besonders betont werden, so steht **ningún / ninguna.**

Zu beachten ist:

ningún bar — ningún hotel — ningún teléfono

aber:

ningun**a** cabina — ningun**a** noche — ningun**a** plaza

Ningún / ninguna wird gebraucht, um nachdrücklich zu verneinen: **Aquí no vive ningún señor López** – hier wohnt kein Herr López.
Weiterhin steht das **no** vor dem Verb, das **ningún** vor dem zu verneinenden Hauptwort.

9. Nein sagen will auch geübt sein.

Verneinen Sie die Fragen, indem Sie *No* sagen und nach dem Komma noch ein kleines *no* vor das Verb schieben.

1. ¿Vamos al aeropuerto?

No, no vamos al aeropuerto.

2. ¿Hay un autobús a Molvízar?

....

3. ¿Está completo el hotel?

....

4. ¿Es caro el tren?

....

5. ¿Hace calor en Siberia?

....

6. ¿Está lejos el «Bar Pesetas»?

....

7. ¿Cogemos un taxi?

....

10. *Aquí no hay ningún bar/ ninguna iglesia.* Hier gibt es überhaupt keine Kneipe/ keine Kirche.

1. ningún bar
2. .... iglesia
3. ....farmacia
4. .... hotel
5. ....gasolinera
6. .... tren
7. ....aeropuerto
8. .... pueblo
9. ....tienda
10. ....teléfono
11. ....discoteca

Achtung: **ningún** ist sehr stark und heißt etwa **überhaupt kein**.
Normalerweise aber genügt für die Verneinung das **no** vor dem Verb.

TEORÍA

Unregelmäßige Verben

Die Verben, vor allem die unregelmäßigen, mögen am Anfang Schwierigkeiten bereiten, da hilft nur eins: wiederholen, einschleifen, automatisieren.

No tengo dinero – ich hab kein Geld, die meisten werden die Sommerschnulze aus den frühen 80ern noch kennen. Anders als auf deutsch, französisch und englisch, genauso wie auf lateinisch und italienisch, genügt die Verb-Endung, um anzuzeigen, wer etwas tut, welche Person gemeint ist. Im Spanischen muß also kein Personalpronomen (persönliches Fürwort, ich, du, er, sie ...) vor dem Verb stehen, die Endung verrät den Täter.

Tener

Tengo steht für **tener**, haben:

tengo	ich habe	tenemos	wir haben
tienes	du hast	tenéis	ihr habt
tiene	er/sie hat Sie haben	tienen	sie haben Sie haben

El avión es caro, das Flugzeug (gemeint ist: der Flug) ist teuer, sagt der Kongreßfahrer. No soy español, ich bin kein Spanier / nicht spanisch, sagt der, der nicht mit dem Redeschwall des Muttersprachlers klarkommt.

Ser

Es und **soy** gehören zum Verb **ser**

soy	ich bin	somos	wir sind
eres	du bist	sois	ihr seid
es	er/sie ist Sie sind	son	sie sind Sie sind

Ir

voy	ich gehe	vamos	wir gehen
vas	du gehst	vais	ihr geht
va	er/sie geht Sie gehen	van	sie gehen Sie gehen

11. *La forma del verbo* Die Verbform

Setzen Sie die richtige Form ein:

ir

1. Vamos a Madrid. (wir)

2. El señor Martín .... al hotel Europa. (er)

3. No tengo tiempo. .... a la estación. (ich)

4. .... al aeropuerto. (ihr)

5. Mañana por la mañana .... al estadio Bernabéu. (sie, Plural)

6. Manuela .... a la farmacia. (sie, Singular)

7. Usted .... al bar. (Sie)

tener

1. Manolo no tiene cambio. (er)

2. Yo no .... dinero. (ich)

3. El señor García .... una tienda. (er)

4. No .... monedas. (wir)

5. El taxi no .... gasolina. (es)

6. ¿......... tiempo mañana? (ihr)

ser

1. El helado .... frío. (es)

2. Yo soy alemán. (ich)

3. ¿......... española? (du, weiblich)

4. .... rubios. (wir)

5. Carlos .... veterinario. (er)

6. El avión .... caro. (es)

Ser steht für das, was ist, was zum Wesen einer Sache oder einer Person gehört. Wo etwas/jemand sich befindet, oder was nur vorübergehender Zustand ist, wird mit dem Verb **estar** ausgedrückt (mehr darüber in der dritten Lektion). Das deutsche «sein» hat also zwei Entsprechungen. Umgekehrt verhält es sich mit dem spanischen **ir**, es bedeutet gehen und fahren.

TEORÍA

Die Höflichkeitsform «Sie» entspricht im Spanischen für eine Person der dritten Singular, für mehrere der dritten Plural:
Mein Herr, haben Sie Wechselgeld? – ¿Señor, tiene cambio?
Meine Herren, haben Sie Wechselgeld? – ¿Señores, tienen cambio?

Die immer nach dem gleichen Muster konjugierten **regelmäßigen Verben** werden wir in der nächsten Lektion sehen.

¿ ... ? ¡ ... !

Fragezeichen und Ausrufezeichen werden übrigens umgekehrt vor den Satz gesetzt. **¿ ... ? ¡ ... !** Da weiß man beim Lesen gleich, ob Frage, Befehl oder ein normaler Satz folgt. ¿Eigentlich ziemlich praktisch, oder?

Land und Leute: Ankommen

Ankommen heißt immer auch, ein Dach über dem Kopf zu suchen. Wer nicht pauschal bucht und nicht abgeholt wird vom Flughafen oder Bahnhof, darf sich erst mal darum kümmern, eine Unterkunft zu organisieren.
Die Spanier sind hilfsbereit, geben gerne Auskunft und haben – vielleicht mehr als die Deutschen – Verständnis dafür, daß einer ihre Sprache nur radebrecht. Wer versucht, sich mit Englisch zu helfen, wird auf der Straße nicht viele treffen, die fließend antworten. Lassen Sie zu, daß sich ein Wortschwall über Sie ergießt, und versuchen Sie, das Wichtigste herauszufiltern.
***Autopista** – die Autobahn – wird bedeuten, daß noch ein gutes Stück zu fahren ist.*
***Uno, dos tres, cuatro** benennt vielleicht die Kreuzung, an der Sie abbiegen sollen.*
***Derecha [deretscha]** und **izqzierda [ith-kjerda]** scheinen schwierige Ausdrücke zu sein – sie bedeuten ganz einfach rechts und links.*
***Semáforo** ist ein anderes Wort, das bei Wegbeschreibungen vorkommt, und meint die Ampel.*
*Wem das alles zuviel wird, der sucht sich am besten ein **taxi** und läßt sich zum Hotel fahren.*

PRÁCTICA

12. *Ir* + Zeitangaben

du + ich

1. Madrid, morgen

¿Cuándo vas a [illegible]drid? – Mañana voy a Madrid.

2. Sevilla, heute abend

3. Alemania, heute

4. Barcelona, morgen nacht

5. Toledo, morgen früh

Sie finden die **Zeitangaben** auf Seite 22.

ihr + wir

1. España, heute

¿Cuándo vais a España? – Hoy vamos a España.

2. Bilbao, morgen früh

3. Nueva York, heute morgen

4. Moscú, morgen abend.

5. Colonia, morgen

TEORÍA

Aussprache

Zur Aussprache noch für diejenigen, die keinen Lehrer und kein Tonband zum Buch haben: es wird gelispelt. Die Spanier, nicht so die Südamerikaner, klemmen die Zungenspitze zwischen die Schneidezähne: gracias, despacio, Alcázar, diez ...

Die Regel ist ganz einfach:
z wird immer wie ein englisches **th** gesprochen, genauso **c** vor den hellen Vokalen **e** und **i**: **Zaragoza, Cecilia ...**

Südamerikaner sprechen statt dessen ein normales, scharfes **s**.

c vor **a**, **o** und **u** wird wie ein **k** gesprochen: **Coca-Cola**, **cucaracha** (die Kakerlake)

Das **ch** gilt als eigener Buchstabe und steht deswegen hinter dem **c** im Wörterbuch. Gesprochen wird es wie **tsch**: **muchacho**, **mucho**, **macho**, **cucaracha** ... Hinter dem **l** steht **ll** , ebenfalls ein eigener Buchstabe, klingt wie ein **j**, bei dem vorher das vordere Drittel der Zunge am Gaumen ist, also ein kaum spürbares **d** vor dem **j**: **calle**, **llamar** ...

Das komplette Regelwerk auf Seite 48.

Die Vokale **a**, **e**, **i**, **o**, **u** werden im Spanischen allesamt kurz gesprochen, lange Vokale gibt es nicht (**ä**, **ö**, **ü** gibt es auch nicht, deswegen sagen manche Spanier auf deutsch: «du griner Ibelteter, ich werde dich teten»).

Der Akzent

Zum Akzent in der Schreibung vorerst soviel: wo er steht, wird die Silbe betont: teléfono, médico, Alcázar, frío, alemán, autobús ....

13. Lesen Sie die Wörter laut, und betonen Sie auf ...

... der letzten Silbe:

pregun**tar**, a**vión**, es**tá**, ho**tel**, nin**gún**, esta**ción**, ale**mán**, espa**ñol**, fu**mar**, fa**vor**, auto**bús**, ca**lor**, habita**ción**, se**ñor**, a**quí**, per**dón**

... der vorletzten Silbe:

calle, en**tien**do, des**pa**cio, con**gre**so, **no**che, **ten**go, **cer**ca, **du**ros, a**ho**ra, **tien**da, aero**puer**to, se**gui**da, en**ton**ces, **le**jos, **mu**chas **gra**cias, i**gle**sia, gasoli**ne**ra, mo**ne**das, **oi**ga, **ha**ble des**pa**cio, **pue**blo, **no**che, de**re**cha

... der vorvorletzten Silbe:

médico, te**lé**fono, **Má**laga, demo**crá**tico, filo**só**fico, fan**tás**tico

14. Wie hieß das gleich noch?

Die Übung klingt so nett. Machen wir uns nichts vor, es ist eine knallharte Übersetzung.

Entschuldigung ....

Ist das weit? ....

Es ist ein bißchen schwierig ....

Auf der Straße .... en la calle ....

Kann ich telefonieren? ....

Sprechen Sie langsam! ....

Ich habe keine Zeit ....

Das Hotel ist voll ....

Es ist kalt ....

Jetzt nicht ....

Gibt es keine Apotheke hier? ....

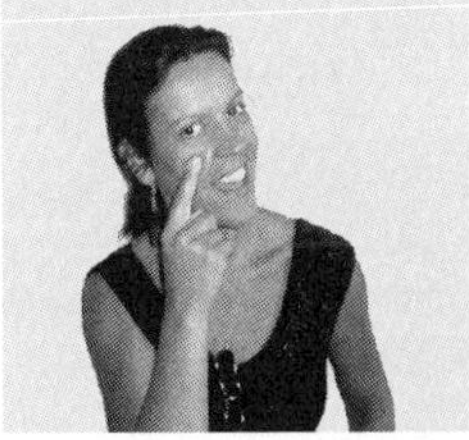

LECTURA *VAMOS A ZAMORA*

Vamos a Zamora. Porque hay un congreso. Vamos en autobús porque no hay aeropuerto en Zamora. El hotel está en la plaza de la iglesia. Mañana por la mañana empieza el congreso. Hoy visitamos[1] la ciudad. El tiempo no es muy bueno. Hace frío en la calle. No tengo dinero. «¿Dónde hay un banco?» Un señor dice: «Por aquí no hay ningún banco. Hay uno – está un poco lejos.» Vamos en taxi al banco para cambiar dinero. Esta noche no quiero comer en el hotel. En la plaza hay dos bares. Voy con un compañero[2] a comer. Por la noche[3] quiero llamar por teléfono. No hay cabina en la plaza. ¿Dónde puedo llamar por teléfono? Aquí a la derecha hay un teléfono público. Llamo a Luisa, pero no está en casa. ¡Siempre lo mismo![4]

1 **visitamos** wir besuchen
2 **un compañero** Kollege
3 **por la noche** am späten Abend, nachts
4 **siempre lo mismo** immer das gleiche

Ja oder nein? – ¿Sí o no?

	sí	no
1. Hay un congreso en Zamora.	■	■
2. Vamos en tren.	■	■
3. El hotel está a la derecha del bar.	■	■
4. El tiempo es muy bueno.	■	■
5. Hay dos bares en la plaza.	■	■
6. Luisa está en casa.	■	■

DE COMPRAS

En la tienda y en el mercado

En casa

Oye Carmen, no queda nada para la cena. Vamos a comprar, ¿vale?

¿Para qué? En el congelador queda cocido del domingo.

Pero no tenemos ni pan, ni cerveza, ni queso, ni carne picada, ni fruta fresca, ni vino blanco ....

Bueno, vamos.

En la caja del supermercado

3284 pesetas.

¿Cuánto?

Tres mil doscientas ochenta y cuatro.

¿Tiene cambio de diez mil?

¡Ufff...! Voy a ver ... espere que voy a cambiar el billete.

En el mercado

¿A cómo vende la merluza?

A mil setecientas el kilo.

¡Ufff..., qué barbaridad! Entonces, me da un cuarto de sardinas y unos mejillones.

¿Cuántos?

Unos seis u ocho.

¿Algo más?

No, eso es todo, nada más.

....

Me da kilo y medio de patatas nuevas.

¿Puede ser un poquito más?

Sí, no importa. Y tres melones.

Son dos kilos bien pesados.

¿A cuánto están los champiñones?

A trescientas.

Me llevo medio kilo.

¿Huevos quiere? Son de campo, ehh.

Me pone una docena. ¿Cuánto es?

A ver, las patatas setenta y cinco, los melones a cien – son doscientas, los champiñones ciento cincuenta y los huevos doscientas cuarenta. Total ... seiscientas sesenta y cinco.

Die Spanier mögen es logisch: zuerst die Tausender, dann die Hunderter, dann die Zehner, zum Schluß erst die Einer. Klingt auf deutsch irgendwie nicht: **dreitausendzweihundertachtzigundvier.**

En la tienda

¿ A quién le toca?

A mí. ¿Tiene leche del día, señora?

No, sólo tenemos la de brik.

Bueno, entonces una caja sólo ...

En la calle

Vamos a tomar café.

¿Carmen, sabes qué falta? No tenemos pan.

Voy yo. ¡Espérame en el bar!

En la panadería

Buenas tardes, ¿quién es la última?

Yo, soy el último.

....

¿Qué le doy?

Dos barras. ¿Pan integral hay?

Ya no. ¿Algo más?

Una bolsa de bizcochos y unas madalenas.

No me quedan, tal vez en la pastelería de al lado.

Vamos a + Verb, das paßt immer, wenn man etwas vorschlagen möchte: **Vamos a tomar algo** – gehen wir einen trinken.

Die Spanier mögen es barock, sie schmücken gerne mit Pronomen. Was dabei herauskommt, ist idiomatisch und bitte nicht wörtlich zu übersetzen: **¿Te vienes?** – Kommst du dich?

Verkehrsmittel immer mit **en: en avión** – im Flugzeug, **en tren** – im Zug, **en coche** – im Auto, **en bicicleta** – mit dem Fahrrad. Ausnahmen: **a caballo** – zu Pferd und **a pie** – zu Fuß

Die Spanier mögen es umständlich: Die deutsche Rückfahrkarte wird zur Hin- und Rückfahrkarte: **billete de ida y vuelta.**

En el Corte Inglés

En casa

Necesito un pantalón nuevo. ¿Te vienes al Corte Inglés?

Sí, pero no tengo mucho tiempo.

En la sección de señoras

¿Puedo probarme el pantalón rojo?

¿Qué talla tiene usted?

La treinta y ocho.

Un momento.... hay treinta y ocho, pero sólo en azul.

No, no me gusta.

Pero está en oferta. Te sale por mil novecientas noventa y nueve.

No, gracias, no me gusta.

En la agencia de viajes

¿Ustedes venden billetes a Ibiza?

Por supuesto. ¿Cómo va, en barco o en avión?

En barco, mañana por la noche.

No hay problema.

¿A cuánto sale la ida y vuelta?

Cuatro mil seiscientas.

En la sección de discos

¿Tiene el último disco de Paco de Lucía?

No, sólo trabajamos casetes y compacdisk.

Los casetes, ¿a cuánto salen?

Hay de mil ochocientas y de dos mil.

¿Tanto? ¡Qué disparate!

Es el precio en todos lados.
En los mercadillos valen la mitad .... gracias, adiós...
¡Pero ahí no son originales, son falsos, copias ilegales...!

Otra vez en la sección de señoras

¿Cuánto vale este vestido?
¿Cuál le gusta?
El verde.
Cinco mil quinientas.
Hombre, barato no es. Sólo llevo cuatro mil ...
Ni hablar. Aquí ni regateamos ni discutimos. Esto no es un bazar oriental.

¡APRENDE!

De Compras

Beim Einkaufen

En la tienda y en el mercado

Im Laden und auf dem Markt

En casa

Zu Hause

oye
hör mal

no queda nada para la cena
es ist nichts mehr da zum Abendessen

vamos a comprar
gehen wir einkaufen

¿para qué?
wozu?

el congelador
der Tiefkühlschrank

el cocido
der Eintopf

el domingo
Sonntag

no tenemos ni ..., ni ...
wir haben weder ... noch ...

el pan
das Brot

la cerveza
das Bier

el queso
der Käse

la carne picada
das Hackfleisch

la fruta fresca
das frische Obst

el vino blanco
der Weißwein

En la caja del supermercado

An der Kasse vom Supermarkt

¡espere!
warten Sie!

voy a ver
ich werde schauen

que
daß

cambiar el billete
den Geldschein wechseln

En el mercado

Auf dem Markt

¿a cómo vende?
zu wieviel verkaufen Sie?

la merluza
der Seehecht

setecientos
siebenhundert

el kilo
das Kilo

¡qué barbaridad! 〈 〉
wassen Hammer!

me da
geben Sie mir

dar
geben

un cuarto de sardinas
ein Viertel Sardinen

unos mejillones
ein paar Muscheln

seis u ocho
sechs oder acht

¿algo más?
sonst noch was?

eso es todo
das ist alles

ser
sein

nada más
sonst nichts

kilo y medio
eineinhalb Kilo

las patatas nuevas
die neuen Kartoffeln

¿puede ser un poquito más?
kann's ein bißchen mehr sein?
no importa
macht nichts
los melones
die Melonen
bien pesado
gut gewogen
¿a cuánto están?
was kosten ...?
los champiñones
die Pilze
me llevo
...ich nehme
medio kilo
ein halbes Kilo
¿huevos quiere?
möchten Sie Eier?
son del campo
sie sind vom Land
me pone
geben Sie mir
una docena
ein Dutzend
¿cuánto es?
wieviel macht das?
a ver
mal sehen
setenta y cinco
fünfundsiebzig
a cien
zu Hundert
cincuenta
fünfzig
cuarenta
vierzig
total
alles zusammen

En la tienda
Im Laden

quién
wer
¿a quién le toca?
wer ist dran?
a mí
... ich
la leche del día
frische Milch (vom Tag)
la de brik
die aus dem Paket
la caja
Karton

En la calle
Auf der Straße

tomar café
Kaffee trinken
¿sabes qué falta?
weißt du, was fehlt?
¡espérame en el bar!
warte auf mich in der Kneipe
yo
ich

En la panadería
Beim Bäcker

buenas tardes
guten Tag (nachmittags)
¿quién es la última?
wer ist die letzte (der Warteschlange)
soy el último
ich bin der letzte
¿qué le doy?
was gebe ich Ihnen?
una barra
ein Laib
el pan integral
Vollkornbrot
ya no
nicht mehr
una bolsa de bizcochos
eine Tüte Biskuits
la madalena
Biskuitteilchen
no me quedan
hab ich nicht mehr (bleiben mir nicht mehr)
tal vez
vielleicht
en la pastelería de al lado
beim Bäcker nebenan

En el Corte Inglés

Im Corte Inglés

el Corte Inglés
großes spanisches Warenhaus

En la sección de señoras

In der Damenabteilung

puedo probarme
kann ich anprobieren
rojo/a
rot
la talla
die Größe
treinta y ocho
achtunddreißig
un momento
ein Moment
azul
blau
no me gusta
(das) gefällt mir nicht
está en oferta
(das) ist im Angebot
Le sale por mil novecientas
das kommt Sie tausendneunhundert
noventa y nueve
neunundneunzig

En la agencia de viajes

Im Reisebüro

el viaje
die Reise
¿ustedes venden?
verkaufen Sie?
billetes de barco?
Schiffstickets?
el billete
das Ticket
por supuesto
natürlich, selbstverständlich!
mañana noche
morgen abend
no hay problema
kein Problem
¿cuánto sale?
wieviel (teuer) kommt ...?
la ida y vuelta
Hin- und Rückfahrt

En la sección de discos

In der Plattenabteilung

el disco
die Platte
trabajamos
wir arbeiten
el casete
die MC
el compaqdisk
die CD
¿tanto?
so viel?
¡qué disparate! 〈 ! 〉
wassen Hammer!
el precio
der Preis
en todos lados
überall
los mercadillos
die Wochenmärkte
valer
wert sein, kosten
valen la mitad
kosten die Hälfte
original
original
falso
gefälscht
la copia
die Kopie
ilegal
illegal, ungesetzlich

Otra vez en la sección de señoras
Wieder in der Damenabteilung

¿cuánto vale?
was kostet?
este vestido
dieses Kleid
¿cuál le gusta?
welches gefällt Ihnen?
verde
grün
cinco
fünf
quinientos/as
fünfhundert
¡hombre!
Mann!
barato/a no es
billig ist das nicht
llevo cuatro mil
ich habe viertausend bei mir
hablar
sprechen
ni hablar
keine Rede!
aquí no regateamos ni discutimos
hier wird nicht gehandelt und nicht diskutiert
esto no es un bazar oriental
das ist kein orientalischer Basar

¡Escucha! 2

	sí	no
En la tienda y en el mercado		
en casa: Hay vino blanco y cerveza en casa.	■	■
en la caja del supermercado: Son tres mil doscientas noventa y cuatro pesetas.	■	■
en el mercado: Compran patatas y huevos.	■	■
en la tienda: Hay leche fresca del día.	■	■
en la calle: Van a tomar café en el bar.	■	■
en la panadería: No hay ni pan integral ni bizcochos.	■	■
En El Corte Inglés		
en casa: Hay pantalones en el Corte Inglés.	■	■
en la sección de señoras: El pantalón azul sale por 1999.	■	■
en la agencia de viajes: Ida y vuelta a Ibiza sale por 4700.	■	■
en la sección de discos: Los cassetes valen la mitad en los mercadillos.	■	■
otra vez en la sección de señoras: El vestido verde es muy caro.	■	■

TEORÍA

Die Betonung

Ob die letzte oder die vorletzte Silbe betont wird, kommt auf den allerletzten Buchstaben des Wortes an:

1. de**re**cha, cer**ve**za, pa**que**te, bas**tan**te, **ta**xi, mo**men**to, **mu**cho, **ven**den, mo**ne**das, **le**jos

Wörter auf Vokal (**a**, **e**,**i**, **o**, **u**) oder auf **n** oder **s** werden auf der vorletzten Silbe betont

2. to**tal**, congela**dor**, barbari**dad**, inte**gral**, ven**der**, mi**tad**, orien**tal**, ca**lor**

Wörter auf Konsonanten (**b**, **d**, **l**, **r**, **z**) außer auf **n** und **s** werden auf der letzten Silbe betont

3. te**lé**fono, a**vión**, **úl**timo, panta**lón**, ale**mán**, paste**le**ría, in**glés**

Liegt die Betonung auf einer anderen Silbe, muß ein Akzent auf dem Vokal der entsprechenden Silbe stehen

Nach dem Preis fragen

Fragepronomen haben einen Akzent und ein umgekehrtes Fragezeichen am Anfang des Satzes: ¿d**ó**nde ...? ¿c**ó**mo ...? ¿cu**á**nto ...?

¿cuánto es?	was macht, was kostet? (Gesamtrechnung)
¿cuánto vale?	was macht, was kostet?
¿cuánto sale?	wieviel kommt?
¿a cómo está?	was kostet? (Tagespreis z. B. auf dem Markt)

Wird nach mehreren Stücken gefragt, so steht das Verb in der Mehrzahl

¿a cómo está**n** las sardinas?
¿en cuánto sale**n** los casettes?
¿cuánto vale**n** los pantalones?

PRÁCTICA

1. *Pon el acento correcto*
Setze den richtigen Akzent

1. mama **2.** aqui **3.** el pantalon **4.** ¿para que? **5.** la habitacion **6.** el avion **7.** ¿esta lejos? **8.** perdon **9.** el cafe **10.** el medico **11.** ¿adonde vamos? **12.** un aleman **13.** el telefono publico **14.** ingles **15.** el dia **16.** solo

2. Schreiben Sie einen Dialog in der Plattenabteilung

Sie möchten für eine Platte von Plácido Domingo nur 1500 Peseten bezahlen, eine andere Platte kommt nicht in Frage ...

3. Welches Wort paßt nicht?

1. autobús – taxi – farmacia – tren
2. patata – carne picada – cerveza – champiñones
3. gasolinera – estación de trenes – aeropuerto – estadio
4. merluza – mejillones – sardinas – huevos
5. empezar – entender – tener – vender
6. mañana – noche – hoy – doy

TEORÍA

Eigenschaftswort und Hauptwort / Adjektiv und Substantiv

la frut**a** fresc**a**	las patat**as** nuev**as**
el vin**o** blanc**o**	los disc**os** falsificad**os**

Die Endung, männlich oder weiblich, gilt für: Eigenschaftswort und Hauptwort, Einzahl und Mehrzahl

el baza**r** oriental	la blus**a** oriental
los bazar**es** oriental**es**	las blus**as** oriental**es**
el billet**e** car**o**	el tre**n** nuev**o**
los billet**es** car**os**	los tre**nes** nuev**os**

Aufgepaßt: Eigenschaftswörter auf **-o** verändern sich: weiblich **-a**, Mehrzahl **-os** und **-as**. Eigenschaftswörter auf **-l**, **-n** oder **-e** gelten für die männliche und die weibliche Form, verändern sich also nur in der Mehrzahl zu **-les**, **-nes**, **-es**

Beachte: otro und **medio** wird ohne Artikel gebraucht

¡Ojo!

¡espere que voy a cambiar el billete! – warten Sie, ich gehe den Schein wechseln
me da kilo y medio – geben Sie mir anderthalb Kilo?
me llevo medio kilo – ich nehme ein halbes Kilo (mit)
no importa – das macht nichts
¿a quién le toca? – wer ist dran?
la pastelería de al lado – die Konditorei nebenan
¿te vienes a..? – kommst du mit zu/nach/in ...?
¿puedo probarme otra blusa? – kann ich eine andere Bluse anprobieren?
en todos lados – überall
sólo llevo cuatro mil – ich habe nur viertausend bei mir

Die Pronomen für Personen

me	mir/mich	**nos**	uns
te	dir/dich	**os**	euch
le	ihm/ihn ihr/sie Ihnen/Sie	**les**	ihnen/ sie Ihnen/Sie

4. Auf dem Markt

Sie sind Kunde, sagen Sie, was Sie wollen: *«Me da un kilo de merluza.»*

1. un kilo de merluza. **2.** medio kilo de sardinas. **3.** una docena de huevos.**4.** kilo y medio de patatas. **5.** medio kilo de café. **6.** una caja de leche.

Sie sind Verkäufer, bieten Sie an: *«¿Le doy un melón?»*

7. un melón **8.** cuarenta huevos **9.** un vino blanco **10.** un pan **11.** una bolsa de bizcochos **12.** una barra de pan

5. Vorschlagen/ bitten, etwas zu tun

Was können Sie sagen, wenn Sie ...

1. ... ein halbes Kilo Seehecht kaufen möchten?

2. ... vorschlagen, daß wir Kaffee trinken gehen?

3. ... die Hose anprobieren wollen?

4. ... wissen wollen, was das Hin- und Rückticket nach Lanzarote kostet?

5. ... mit mir einkaufen möchten?

6. ... die Kartoffeln zu teuer finden?

7. ... nur zweitausend Peseten dabeihaben?

TEORÍA

Aufforderung

Am höflichsten gerät es, wenn man eine Frage formuliert:

me da medio kilo	geben Sie mir ein halbes Kilo?
me pone cuatro sardinas	geben Sie mir vier Sardinen?
me esperas en la puerta	wartest du auf mich an der Tür?
te vienes mañana	kommst du morgen?

Verbgruppen

(wichtig ist immer die Endung im Infinitiv)

compr**ar**	kaufen	vend**er**	verkaufen	viv**ir**	leben
compr**o**	ich kaufe	vend**o**		viv**o**	
compr**as**	du kaufst	vend**es**		viv**es**	
compr**a**	er/sie kauft	vend**e**		viv**e**	
compr**amos**	wir kaufen	vend**emos**		viv**imos**	
compr**áis**	ihr kauft	vend**éis**		viv**ís**	
compr**an**	sie kaufen	vend**en**		viv**en**	

genauso auf **-ar**: hablar, esperar, tomar, perdonar, quedar, llevar; auf **-er**: comer; auf **-ir**: discutir

Verbos irregulares

dar geben	**poner** setzen/stellen legen	**salir** rausgehen	**ir** gehen/fahren
d**oy**	p**ongo**	s**algo**	**voy**
das	pones	sales	**vas**
da	pone	sale	**va**
damos	ponemos	salimos	**vamos**
dáis	ponéis	salís	**vais**
dan	ponen	salen	**van**

6. Übersetzung

1. Morgen fahre ich nach Santiago. **2.** Ich fliege mit dem Flugzeug. **3.** Was? Mit dem Flugzeug fliegst du? **4.** Selbstverständlich – ich habe wenig Zeit. **5.** Wir fahren morgen nach Valencia. **6.** Fliegt ihr? **7.** Nein, wir fahren mit dem Zug. **8.** Warum fahrt ihr nach Valencia? **9.** Weil wir dort arbeiten. **10.** Was arbeitet ihr? **11.** Wir gehen Cassetten verkaufen auf einem Wochenmarkt.

7. Formar frases lógicas
Logische Sätze bilden

a	En la plaza	**1**	probarme	**a**	una caja de leche.
b	Tal vez	**2**	sale	**b**	rojo.
c	¿Ustedes	**3**	un vestido	**c**	billetes de barco?
d	Puedo	**4**	hay champiñones	**d**	un bazar oriental.
e	No	**5**	está	**e**	problema.
f	Esto	**6**	me da	**f**	en la tienda de al lado.
g	Necesito	**7**	hay	**g**	el pantalón blanco.
h	Señora	**8**	venden	**h**	la ida y vuelta?
i	¿En cuánto	**9**	no es	**i**	la catedral.

8. *Completar las formas del verbo*
Ergänze die Verbformen

trabaj	com	discut	ten.............	d..........
trabaj as........	com	discut	tien...........	da.........
trabaj	com	discut	tien...........	da.........
trabaj	com emos.......	discut	ten.............	da.........
trabaj	com	discut	ten.............	da.........
trabaj	com	discut	tien...........	da.........

TEORÍA

¿Cómo se usa el verbo *ir*?
Wie wird das Verb *ir* gebraucht?

Es steht für (zu Fuß) gehen und (mit Auto, Zug, Bus, Fahrrad ...) fahren

1.vamos a Sevilla – wir fahren nach Sevilla
(**ir** + **a** + Richtung, Ziel)
2.vamos en tren – wir fahren im Zug
(**ir** + **en** + Transportmittel)

Außerdem:
3.¡vamos a tomar café! – laßt uns Kaffee trinken!

4.voy a llamar mañana – ich werde morgen anrufen
5.¿vas a tomar el tren? – wirst du den Zug nehmen?
(**ir** + **a** + Infinitiv = Zukunft)

Ob zu Fuß **gehen**, mit dem Auto **fahren** oder im Flugzeug **fliegen** – **ir** ist multifunktional und paßt immer.

Verneinung
no ... ni .... ni

No tengo **ni** tiempo **ni** dinero – ich habe weder Zeit noch Geld
Beachte: vor dem Verb muß ein **no** stehen

Konjunktionen

Die wichtigsten Verbindungswörter zwischen Wörtern, Ausdrücken oder Sätzen sind:

y – und	**pues** – nun	**entonces** – also	**que** – daß
o – oder	**pero** – aber	**porque** – weil	

Beachte: siete **u** ocho – inglés **u** holandés: vor einem Wort, das mit **o** beginnt, wird **o → u**

9. *Aquí falta el verbo*
Hier fehlt das Verb

Carmen .... en casa. . No .... ni pan ni queso ni fruta. Maria dice:

Vamos a comprar. .... patatas, carne picada y huevos.

¿Adónde .... ?

Bueno, en el mercado hay de todo.

Pero no .... dinero.

No .... .Yo .... tres mil pesetas.

¡Entonces .... al restaurante!

(**Los verbos**: importar, ir, tener, llevar, estar, necesitar, tener)

10. Aus zwei mach eins:

1. No tenemos merluza. No tenemos sardinas.

....No tenemos ni merluza ni sardinas.......

2. Amador no necesita un pantalón rojo. Amador no necesita un violín nuevo. **3.** En la agencia no venden billetes a Ibiza. En la agencia no venden billetes a Canarias. **4.** Aquí no regateamos. Aquí no discutimos. **5.** En los mercadillos no venden gasolina. En los mercadillos no venden helado. **11.** No compro café. No compro leche.

TEORÍA

gustar
schmecken & gefallen
me gusta el vino – mir schmeckt der Wein
me gusta el vestido – mir gefällt das Kleid
me gustan los bizcochos – mir schmecken die Biskuits
me gustan los coches – mir gefallen die Autos

Los números

1	uno	**21**	veintiuno	**50**	cincuenta
2	dos	**22**	veintidós	**60**	sesenta
3	tres	**23**	veintitrés	**70**	setenta
4	cuatro	**24**	veinticuatro	**80**	ochenta
5	cinco	**25**	veinticinco	**90**	noventa
6	seis	**26**	veintiséis	**100**	cien
7	siete	**27**	veintisiete	**200**	doscientos
8	ocho	**28**	veintiocho	**300**	trescientos
9	nueve	**29**	veintinueve	**400**	cuatrocientos
10	diez	**30**	treinta	**500**	quinientos
11	once	**31**	treinta y uno	**600**	seiscientos
12	doce	**32**	treinta y dos	**700**	setecientos
13	trece	**33**	treinta y tres	**800**	ochocientos
14	catorce	**34**	treinta y cuatro	**900**	novecientos
15	quince	**35**	treinta y cinco	**1000**	mil
16	dieciséis	**36**	treinta y seis	**2000**	dos mil
17	diecisiete	**37**	treinta y siete	**5000**	cinco mil
18	dieciocho	**38**	treinta y ocho	**10000**	diez mil
19	diecinueve	**39**	treinta y nueve	**100000**	cien mil
20	veinte	**40**	cuarenta	**1000000**	un millón

Keine Angst, Sie brauchen nicht gleich alle Zahlen zu pauken. Lernen Sie erst bis zehn, dann bis zwanzig, dann bis hundert, dann den Rest. Diese Liste dient aber sehr wohl zum Nachschlagen.

Beachte: uno und **cien** sind veränderlich: veinti**ún** coches – veinti**una** bicicleta, doscient**os** marcos – doscient**as** pesetas

11. *¿Cómo se escribe en letras?* Wie schreibt man in Buchstaben?

1	....	11	....	0	....
10	....	14	catorce	5	....
21	....	54	....	9	....
12	....	29	....	100	....
35	....	89	....	98	....

¿... en cifras? ... in Ziffern?

Veintinueve ...... ocho 8 cinco ...... cien ...... cincuenta ...... cuarenta y tres ...... noventa y dos ...... seis ...... dieciséis ...... ochenta y ocho ...... setenta y siete ...... once ...... quince ...... sesenta y siete......

12. *Pregunta por el precio* Frag nach dem Preis

1. un café con leche, 120 ¿Cuánto vale un café con leche? - Ciento veinte pesetas.
2. medio kilo de queso, 900 **3.** un Taxi al aeropuerto, 500 **4.** dos kilos y medio de merluza, 3.000 **5.** doscientos gramos de champiñones, 200 **6.** una docena de huevos, 300 **7.** cuatro cervezas, 400 **8.** la habitación en la pensión, 1.800 **9.** la suite en el Hotel Ritz, 50.000 **10.** un paquete de leche del día, 110. **11.** el billete a Mallorca, 5.000

13. *Combinar* Kombinieren

1. leche, fresco la leche fresca
2. pantalón, nuevo........................
3. vino, claro ....
4. congreso, ilegal........................
5. merluza, bien pesado............
6. cabina, rojo...........................
7. billete, falso ....
8. habitación, barato...................
9. pastelería,español.................
10. tienda, bueno........................
11. problema, complicado...........
12. noche, oriental........................
13. bazar, alemán....................
14. tiempo, bueno........................
15. hotel, caro..........................
16. bar, original..........................
17. cerveza, barato ....
18. vestido, verde........................
19. pan, integral........................
20. moda, último la última moda

LECTURA

UN VAGABUNDO CON DINERO

Amador Vallina es un vagabundo.[1] Tiene un violín[2] muy bueno. Da[3] conciertos en la calle. Amador es un artista.[4] Por la mañana toma café en el bar de la plaza. Le gusta el café con leche. Normalmente come cinco madalenas. Claro, el vino también[5] le gusta.

Hoy hace calor. Amador quiere tocar el violín: «¿Dónde toco?» En la puerta de la iglesia hay un concierto. Toca el artista internacional Amador Vallina.

La gente es buena. Le[6] da mucho dinero: monedas de cinco, diez, veinticinco y cien pesetas. Un colega le da un billete de quinientas. Un turista árabe[7] le da un billete de dos mil. Ahora Amador tiene mucho dinero. Va al banco para cambiar. Quiere un billete de diez mil. No hay problema. Ahora lleva un billete nuevo.

Amador necesita un pantalón nuevo: «¿Dónde puedo comprar uno? Hombre, en El Corte Inglés.» En la sección de caballeros hay uno rojo rojo: «Mmmm, me gusta. ¿Puedo probarme el pantalón?»

«Claro que sí», dice el señor, «sólo vale cuatro mil pesetas." El vagabundo tiene un billete de diez mil. El señor mira el billete: «¡Diez mil pesetas!, ¿diez mil pesetas?, … un momento, ¡espérame!» El señor habla con el director y llama al detective. «Buenas tardes», dice el detective, «el billete es

1 **un vagabundo** ein Nichtseßhafter
2 **un violín** die Geige
3 **da** er gibt
4 **un artista** der Künstler
5 **también** auch
6 **le** ihm
7 **un turista árabe** arabischer Turi
8 **Uyyy** Uiii
9 **el Banco Central** (staatliche) Zentralbank

falso.» «!Uyyy[8], qué disparate!», dice Amador, «el billete es del Banco Central[9].» – «Lo siento», dice el director, «vamos a la policía.» – «¡Pero qué barbaridad, esto es ilegal !!» – «Ahora no discutimos, vamos a la policía» – «¡¡¡El Banco Central es una Mafia, el Banco Central es una Mafia, el Banco Central es una Mafia … !!!!»

¿Sí o no?	sí	no
1. Amador tiene una guitarra.	☐	☐
2. Hay un café en la plaza.	☐	☐
3. La gente no le da dinero.	☐	☐
4. Amador quiere un pantalón rojo.	☐	☐
5. El pantalón vale tres mil pesetas.	☐	☐
6. Amador tiene un billete de diez mil.	☐	☐

TEST 1

Der Schlüssel (**Clave**) zu den Tests ist im Anhang. Die **Hörverständnisübungen** finden Sie auf der Audio-CD oder der Tonkassette.

1. *Comprensión auditiva*

Sie hören jetzt zehn Sätze. Tragen Sie die im Text fehlenden Wörter ein. Wenn es Ihnen zu schnell geht, dann hören Sie die Übung ein zweites Mal.

1. El vagabundo no tiene ....

2. Hoy hace .... en la calle.

3. Señor, ¿hay un .... a Santiago de Compostela?

4. No me gusta el .... disco de Paco de Lucía.

5. Esto no es un bazar ....

6. ¿Ustedes venden .... de avión?

7. ¡Dos mil pesetas! Es el precio ....

8. Los casetes valen la .... en los mercadillos.

9. Necesito un .... rojo.

10. Buenos días, ¿cuánto vale la .... en este hotel?

2. *Comprensión auditiva*

Setzen Sie die Zahlen, die Sie hören, in Ziffern ein:

1. El taxi al aeropuerto vale .... pesetas.

2. Sólo llevo ....

3. La ida y vuelta sale por .... ptas.

4. Mi número de teléfono es el ....

5. El número de teléfono del Hotel Europa es el ....

6. En la plaza hay .... bares.

7. El hotel está a .... minutos andando.

8. El avión vale .... ptas.

9. El tren vale .... ptas.

10. Hoy la merluza está a .... el kilo.

11. ¿Cuánto valen .... gramos de champiñones?

12. Un cuarto de sardinas sale por .... ptas.

13. Este vestido sólo cuesta .... ptas.

14. Carmen tiene el número de teléfono: ....

15. Luis tiene el ....

16. Una bolsa de madalenas: .... ptas.

17. Mi talla es la ....

18. En la tienda de la plaza los discos sólo valen .... ptas.

19. ¿Cuánto vale la ida y vuelta en barco a Ibiza? – .... ptas.

20. La gasolinera está a .... kilómetros.

3. Kreuzen Sie die richtige Antwort an:

1. ¿Adónde quiere ir usted?
   - a En Barcelona hace frío.
   - b Al aeropuerto.
   - c El bar está en la plaza.

2. ¿Hay un autobús a Málaga?
   - a Mañana vamos a Málaga.
   - b Hoy creo que no.
   - c No hay trenes.

3. ¿Cuánto vale la habitación?
   - a Los champiñones valen 200 ptas.
   - b Dos mil ochocientas por noche.
   - c El hotel no está completo.

4. ¿Tiene usted cambio?
   - a Barato no es.
   - b Sólo llevo un billete de mil pesetas.
   - c Tengo dinero.

5. ¿Cómo está el tiempo en Madrid?
   - a No hace frío.
   - b En la calle hay un teléfono.
   - c No vamos a Madrid.

6. ¿Por qué vas en tren?

- a Esto no es un bazar oriental.
- b Porque no tengo dinero para el avión.
- c Porque no hay autobuses.

7. ¿A cómo venden la merluza?

- a No hay sardinas.
- b No tengo cambio.
- c El kilo vale 1500 ptas.

8. ¿Puede ser un poquito más?

- a ¿Me da medio kilo?
- b No importa.
- c Lo siento.

9. En Barcelona hace frío en la calle.

- a ¿Adónde vamos?
- b ¿Cómo está usted?
- c ¿Cómo está el tiempo?

10. Los champiñones están a 300 ptas.

- a ¿A cómo están los champiñones?
- b ¿Cuánto valen los pantalones?
- c ¿Puedo comprar champiñones?

11. En la plaza hay un bazar oriental.

- a ¿Hay un café oriental?
- b ¿Adónde vamos?
- c ¿Dónde está el bazar?

4. Kreuzen Sie das fehlende, korrekte Wort an:

1. En la plaza hay ...... iglesia.

- a la
- b un
- c una

2. ¿ ...... usted cambio?

- a tengo
- b tienes
- c tiene

3. Yo no ...... español.

- a somos
- b doy
- c soy

4. ¿Ustedes ...... billetes de avión?

- a vendéis
- b venden
- c ponen

5. Es un problema ....

- a complicada
- b complicados
- c complicado

6. Necesito un pantalón ....

- a cara
- b nuevo
- c nueva

7. No tenemos ...... vino ni cerveza.

- a si
- b ni
- c no

8. Me ...... las madalenas.

a gusta
b llevan
c gustan

9. José ...... en Valencia.

a da
b vive
c viven

10. ¿Dónde hay un ...... ?

a telefón público
b teléfono publíco
c teléfono público

Land und Leute: preiswert einkaufen

Erinnern Sie sich, der Kunde im Kaufhaus sagt: ***en los mercadillos valen la mitad*** *– auf dem Wochenmarkt kosten sie die Hälfte. Es gibt in Spanien zwei Märkte, die Geschäfte und Boutiquen und den* ***mercadillo****, der ein- oder zweimal in der Woche irgendwo am Stadtrand abgehalten wird. Wieso können die gleichen Waren dort die Häfte kosten? Musikkassetten können illegale Kopien sein. Aber Kleider oder Schuhe zum Beispiel werden billig von der Fabrik an die Straßenhändler abgegeben. Die wiederum bezahlen keine teure Miete und können preiswerter verkaufen. Alles kann man auf den* ***mercadillos*** *finden: Obst, Blumen, Bettwäsche, Kassetten, elegante Kostüme, Handtücher, edle Schuhe, chinesisches Handwerkzeug, selbstgemachten Schmuck, Keramik und Töpferwaren, Unterwäsche, selbstgeflochtene Korbwaren und jede Menge überflüssiges Zeug. Mit ein bißchen Geschick kann man die Preise etwas runterhandeln.*

5. *Comprensión auditiva*

Sie hören jetzt einzelne Sätze. Kreuzen Sie beim Hören die jeweils passende Frage an. Wenn es Ihnen zu schnell geht, dann spulen Sie zurück und hören Sie die Übung noch einmal:

1. …

- a ¿Cuánto vale el tren?
- b ¿Adónde vamos?
- c ¿Cómo voy al centro?

2. …

- a ¿Dónde está el hotel?
- b ¿Cuánto vale la habitación?
- c ¿Puedo llamar por teléfono?

3. …

- a ¿Cuánto es?
- b ¿Vamos al congreso?
- c ¿Qué empieza esta noche?

4. …

- a ¿Cómo voy al bar Pesetas?
- b ¿Cómo está Paco de Lucía?
- c ¿Cuánto sale el disco?

5. …

- a ¿Puedo probarme el pantalón?
- b ¿Tiene un pantalón rojo?
- c ¿Necesito un pantalón rojo?

Test 1 – Gesamtpunktzahl aller richtigen Antworten:

TEMA 3

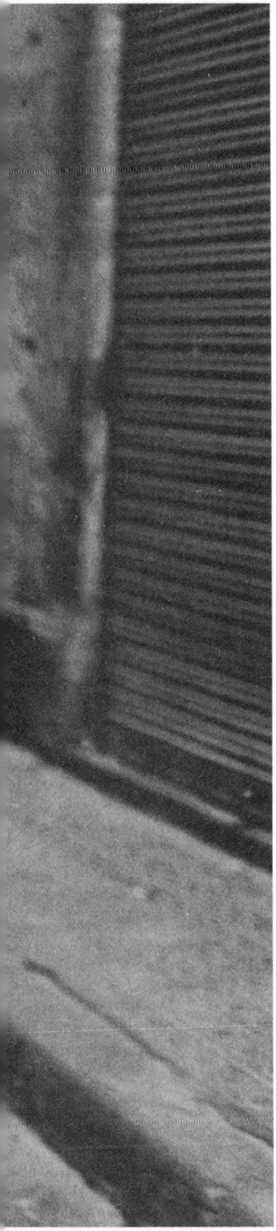

ENTRE AMIGOS

Por teléfono

cuatro – siete – cuatro – ocho – uno – nueve ......

(piiiiiip ......piiiiiip)

Dígame ...

Oiga, oiga ......

Síiii, dígame, ¿quién es?

Soy Julián Correo, un amigo del Zorro, ¿tú eres Amelia?

Sí, ¿qué pasa?

Mira, ¿no estás invitada el domingo a su fiesta?

Sí, claro, ¿por qué?

Porque podemos ir juntos. Yo, ... yo también voy y te puedo llevar.

Bueno, bien, ¿dónde quedamos?

Pues no sé, ... a las cinco de la tarde en la puerta del Teatro Calderón, ¿te parece?

Ein Haufen Jahre – **una pila de ...** ist sehr umgangssprachlich und paßt immer. Ein zweites Wort bedeutet dasselbe: **un montón de ...**

Muy bien, ¿cómo te reconozco? ¿De qué marca es tu coche?

Es muy fácil, tengo un Ford Fiesta blanco matrícula de Gran Canaria.

De acuerdo, a las cinco estoy allí.

En el coche

Hola, buenas tardes. ¿Tú eres Julián?

Sí, soy yo. Y tú Amelia, ¿no? ¿Qué hay?, ¡súbete!

¿Cuánto tiempo hace que conoces al Zorro?

Uff, una pila de años. Somos del mismo pueblo. ¿Y tú?

Yo no lo conozco muy bien. Soy amiga de su novia. Pertenezco a un grupo de teatro y el Zorro tiene interés en trabajar con nosotros. ¿Y tú, qué haces?

Soy traductor técnico.

¿Y trabajas por tu cuenta?

No, traduzco instrucciones para aparatos electrodomésticos.

¿Y te gusta?

¡Qué va!, eso me mata. Mi oficio es la ingeniería, pero no encuentro trabajo en esto.

....

Ya llegamos.

Ahh, no llevo tabaco.

Bueno, podemos pasar por el estanco y aprovechamos para comprar una botella de buen champán.

¿Tú qué fumas, rubio o negro?

Marlboro, pero no hace falta, llevo dos paquetes enteros. Voy a la tienda de enfrente ...

Die Spanier gehören zu denen, die viel rauchen. Normalerweise kauft man den **tabaco** in einem **estanco** – das ist ein staatlich konzessionierter Kiosk, der sich weitervererbt. In diesen Läden werden auch Wertmarken für **offizielle** Urkunden verkauft. Zigaretten sind hier am billigsten. Ausnahme: an mancher Ampel in der Großstadt lungern junge Kerle rum, der eine putzt Windschutzscheiben, der andere verkauft stangenweise für die Hälfte **tabaco de contrabando** – geschmuggelte Zigaretten.

En la bodega

¿Tiene algún champán francés?

¡Hombre, dónde estamos! Aquí no hay ni francés ni español. Aquí tomamos champán catalán.

Mmh, ¿de qué marcas tiene?

Este Sadurní semi-seco es muy bueno, lo compra mucha gente.

Nnnh, es que los semi-secos no me gustan.

Aquí tengo un Montferrant brut.

¿Cuánto vale la botella?

Está en oferta, tres por dos mil. Una sola vale mil ....

Champán sagen die Leute und dürfen das gar nicht. Der Name ist nämlich geschützt. Sekt heißt jenseits der Pyrenäen offiziell **cava**.

En la fiesta

Hola Luisa, ¿qué hay? Me alegro de verte.

¿Qué hay? ¿Vosotros, por qué venís tan tarde?

Son las siete, no es tan tarde.

¿Qué tal vuestro viaje?

Bien, ¿dónde está tu novio?

No tengo ni idea, ¡mira en el jardín! Está con su hermana …

Aquí traigo dos botellas de champán. (la tercera está en el coche) ¿Hay sitio en el congelador?

Ya conoces la casa.

Contándose la vida

¿Qué pasa, cómo estás, Luisa?

Bien Amelia, ¿y tú?

Estoy un poco cansada. Ahora estamos a tope de trabajo. Llevo una semana horrorosa que no sé donde tengo la cabeza. Es para volverse loco, vamos. ¿Y tú, qué me cuentas?

No me puedo quejar. La semana que viene voy a Londres.

¿Y eso?

Es fantástico. Me manda nuestro jefe a un cursillo.

¡Qué suerte tienes! A mí no me manda nadie a ninguna parte. Yo siempre en la misma oficina con la misma gente.

¿Quieres tomar algo?

Psssa, ¿qué es lo que hay?

Hoy hay de todo: cerveza, sangría, vino portugués, güisqui, lo que tú quieras …

Me tomo un poco de sangría. ¿Dónde están los vasos?

En la cocina, en el armario enfrente de la lavadora.

Manche haben Glück im Leben: **Luisa** gehört zu den Erfolgreichen, bei denen alles immer nur so flutscht. **Amelia** gehört zu der anderen Sorte, die sich immer nur beklagt, ob mit oder ohne Grund.

Ligando

¿Qué tal? Soy Julián. Tu cara me suena. ¿No te conozco de algo?

No sé, yo creo que no.

No importa, ¿cómo te llamas?

Isabel ...

Estás muy morena. ¿Vas mucho a la playa?

No, es que mis padres tienen un solario.

De todas maneras, estás muy guapa.

¡Venga ya! Perdona, ahí viene mi novio.

(Julián se queda desilusionado)

Wörtlich: **Dein Gesicht klingt mir**, d.h. es kommt mir bekannt vor. Die Schlauen haben schon bemerkt, daß Julián ein Anmacher ist, nur einen Vorwand sucht, um ins Gespräch zu kommen. Mancher Anmacher und mancher nette Mann sind kleine Dichter. **Piropos** heißen die kleinen, schönen Komplimente, mit denen nicht gegeizt wird, wenn Frauen in der Nähe sind. Und ganz ernst gemeint sind die Sprüche übrigens auch nicht immer.

Gustos

Allí está Manolo. Es muy guapo.

A mí no me gusta. Además no me cae bien, me cae fatal.

Yo me entiendo muy bien con él. Es muy agradable.

Pues yo no lo puedo ver.

¡APRENDE!

Entre amigos

Unter Freunden

Por teléfono

Am Telefon

¡dígame!
Bitte (sagen Sie!)

¡oiga!
hören Sie

¿quién es?
wer ist da?

el Zorro
der Zorro

¿qué pasa?
was gibt es?

¿no estás invitada?
bist du nicht eingeladen?

el domingo
am Sonntag

su
sein, ihr, seine, ihre

la fiesta
das Fest

podemos ir juntos
wir können zusammen fahren

también
auch

te puedo llevar
ich kann dich mitnehmen

¿dónde quedamos?
wo treffen wir uns?

a las cinco
um fünf (Uhr)

de la tarde
am Nachmittag

en la puerta del teatro
vorm Theatereingang

¿te parece?
einverstanden?

muy bien
sehr gut

¿cómo te reconozco?
wie erkenne ich dich?

¿de qué marca es tu coche?
was für ein Auto hast du?

es muy fácil
das ist sehr einfach

la matrícula
das Nummernschild

de acuerdo
einverstanden

allí
dort

En el coche

Im Auto

tú
du

¿qué hay?
wie geht's?

¡súbete!
steig ein!

¿cuánto tiempo hace que ...?
wie lange ...?

conocer
kennen

una pila de años ⟨ ! ⟩
ein Haufen Jahre

somos del mismo pueblo
wir sind aus dem gleichen Dorf

la novia
die Braut, feste Freundin

pertenezco a (pertenecer)
ich gehöre zu

un grupo de teatro
eine Theatergruppe

tiene interés en
hat Interesse an

trabajar
arbeiten

con nosotros
mit uns

¿qué haces?
was machst du?

el traductor técnico
technischer Übersetzer

tu
dein/deine

por tu cuenta
selbständig

traduzco (traducir)
ich übersetze
las instrucciones para los aparatos electrodomésticos
Gebrauchsanweisungen für elektrische Haushaltsgeräte
¿y te gusta?
und das gefällt dir?
¡qué va!
überhaupt nicht!
eso me mata
das bringt mich um
mi oficio
mein Beruf
la ingeniería
Ingenieurwesen
pero
aber
encuentro (encontrar)
ich finde
en esto
darin
llegamos
wir kommen an
no llevo tabaco
ich habe keinen Tabak dabei
podemos pasar por el estanco
wir können am Kiosk vorbeifahren
aprovechamos para ...
wir nutzen das, um ... zu
una botella de champán
eine Flasche Champagner
¿qué fumas?
was rauchst du?
rubio/a
blond/hell
negro/a
schwarz
el paquete entero
das ganze Paket
hacer falta
nötig sein
la tienda de enfrente
das Geschäft gegenüber

En la bodega
Im Weinladen

algún
(irgend)ein
francés
französisch
¡hombre, dónde estamos!
Mann, wo sind wir denn hier?
español
spanisch
tomar
nehmen, trinken
catalán
katalanisch
este
dieser
Sadurní
katalanischer Sekt
semiseco
halbtrocken
lo compra mucha gente
den kaufen viele Leute
es que
es ist halt so, daß
los semisecos no me gustan
die Halbtrockenen schmecken mir nicht
un Montferrant
katalanischer Sekt
brut
brut
está en oferta
ist im Angebot
tres por dos mil
drei für zweitausend
una sola
nur eine, eine allein

En la fiesta
Auf der Fete

hola
Hallo
me alegro verte
ich freue mich, dich zu sehen
vosotros
ihr
venís
ihr kommt
tan tarde
so spät

son las siete
es ist sieben Uhr
¿qué tal?
wie geht´s?
vuestro viaje
eure Fahrt (Reise)
el novio
der Bräutigam (fester Freund)
no tengo ni idea
ich habe keine Ahnung
en el jardín
im Garten
está con su hermana
er ist bei seiner Schwester
traigo
ich bringe
la tercera
die dritte
¿hay sitio en el congelador?
ist Platz im Tiefkühlfach?

Contándose la vida
Sich das Leben erzählen

¿cómo estás?
wie geht's dir?
un poco cansado/a
ein bißchen müde
estamos a tope de trabajo ⟨ ⟩
wir haben so viel zu tun
llevo una semana
ich hab 'ne Woche hinter mir
horroroso/a
grauenhaft
no sé donde tengo la cabeza
ich weiß nicht, wo mir der Kopf steht
es para volverse loco/a
es ist zum Verrücktwerden
¿qúe me cuentas?
was gibt's Neues?
no me puedo quejar
ich kann nicht klagen
la semana que viene
nächste Woche
Londres
London
¿y eso?
wieso?
fantástico/a
phantastisch
me manda nuestro jefe
mein Chef schickt mich
un cursillo
ein Fortbildungskurs
¡qué suerte tienes!
was du ein Glück hast
nadie
niemand
a ninguna parte
nirgendwohin
siempre
immer
en la misma oficina
im gleichen Büro
con la misma gente
mit den gleichen Leuten
¿quieres tomar algo?
willst du was trinken?
¿qué es lo que hay?
was gibt es denn?
hay de todo
es ist von allem da
la sangría
Sangria
portugués
portugiesisch
el güisquí
der Whisky
lo que tú quieras
was du willst
los vasos
die Gläser
la cocina
die Küche
el armario
der Schrank
enfrente de
gegenüber von
la lavadora
die Waschmaschine

Ligando
Beim Anbändeln

ligar
anmachen, anbändeln
sonar
klingen

tu cara me suena
du kommst mir bekannt vor (dein Gesicht klingt mir)

de algo
von irgendwas/wo

yo creo que no
ich glaube nicht

¿cómo te llamas?
wie heißt du?

estás muy morena
du bist ganz schön braun

¿vas mucho a la playa?
gehst du viel an den Strand?

mis padres
meine Eltern

un solario
ein Solarium

de todas maneras
auf alle Fälle/ jedenfalls

estás muy guapa
du siehst blendend aus

¡venga ya!
ach komm!

perdona
entschuldige

ahí
dort

viene
kommt

se queda (quedarse)
bleibt, wird

desilusionado/a
enttäuscht

Gustos
Geschmäcker

allí
dort

además
außerdem

no me cae bien
der geht nicht an mich

me cae fatal
ich finde ihn furchtbar

con él
mit ihm

agradable
angenehm

no lo puedo ver
ich kann ihn nicht riechen

¡Escucha! 3

	sí	no
por teléfono: Julián y Amelia están invitados a una fiesta.		
en el coche: Julián y el Zorro no se conocen.		
en la bodega: Julián compra un champán francés.		
en la fiesta: Julián y Amelia llegan tarde a la fiesta.		
contándose la vida: Luisa tiene mucha suerte.		
ligando: Isabel no tiene novio.		
gustos: Manolo cae bien y cae fatal.		

Auffordern

Jemanden, den man duzt

súbete steig ein
mira schau
oye hör
espérame warte
perdona entschuldige

Jemanden, den man siezt

hable sprechen Sie
perdone entschuldigen Sie

Einige Formen gelten für tú und usted

dígame Hallo, sprechen Sie (am Telefon, wer Hörer abnimmt)
oiga hören Sie (am Telefon, wer anruft)
vamos gehen wir

Grüßen

¿qué hay? wie geht's?
¿qué tal? wie geht's?
buenos días guten Tag (von morgens bis mittags)
buenas tardes nachmittags und am frühen Abend
buenas noches spätabends und nachts

Chefärzte grüßen:
¿cómo estamos? wie geht's uns?

Verabschieden

adiós Wiedersehen
hasta luego bis später
hasta la vista auf Wiedersehen (bis zum Sehen)
hasta entonces bis dann
hasta mañana bis morgen

1. *Saludos* Begrüßung

1. Paco y Carmen se encuentran

C: Hola, Paco.
P: Hola, Carmen.
C: ¿Cómo estás?
P: Bien, ¿y tú?
C: Bien, gracias.

2. Pedro e Isabel se encuentran

P: ¿Qué pasa?
I: ……………………………………………
P: ¿Qué me cuentas, Isabel?
I: Bueno, ……………………………………………

3. El señor García y la señora Vázquez

G: Buenas tardes, señora.
V: ……………………………………………
G: ……………………………………………
V: Muy bien, gracias, ¿y usted?
G: ……………………………………………

4. Carmen y Paco se despiden (verabschieden sich)

C: Bueno, mañana me vengo.
P: ……………………………………………
C: Hasta entonces.
P: ……………………………………………

5. Pedro e Isabel

I: ……………………………………………
P: ¡Vale!
I: Adiós Pedro.
P: ……………………………………………

6. El señor García y la señora Vázquez

G: Buenas noches, señora.
V: ……………………………………………
G: ……………………………………………
V: Hasta la vista.

TEORÍA

La familia

männlich = **el** weiblich = **la**

	los abuelos		
	abuelo	abuela	
	los padres		
hermano	padre	madre	hermana
tío			tía
	los hijos		
primo	hijo	hija	prima

el abuelo	+	la abuela	=	los abuelos (Großeltern)
el padre	+	la madre	=	los padres (Eltern)
el hijo	+	la hija	=	los hijos (Kinder)
el tío	+	la tía	=	los tíos (Onkel & Tante)
el hermano	+	la hermana	=	los hermanos (Geschwister)
el primo	+	la prima	=	los primos (Cousin & Cousine)

Pronomen

Person	Nominativ	Dativ	Akkusativ
1.	**yo**	**me**	**me**
2.	**tú**	**te**	**te**
3.	**él**	**le**	**le/lo**
	ella	**le**	**la**
	usted (señor)	**le**	**le/lo**
	usted (señora)	**le**	**la/le**
1.	**nosotros**	**nos**	**nos**
2.	**vosotros**	**os**	**os**
3.	**ellos**	**les**	**los**
	ellas	**les**	**las**
	ustedes (señores)	**les**	**les/los**
	ustedes (señoras)	**les**	**las/les**

2. *¿Quién es?*

1. El padre de mi madre es mi abuelo .

2. La hermana de mi padre es mi ....

3. Los padres de mi madre son mis ....

4. El hijo de mi tío es mi ....

5. El hermano de mi madre y su mujer son mis ....

6. La hermana de mi padre y su marido son mis ....

7. Mi hermano y mi hermana son mis ....

8. El hijo de mi padre es mi............................ o soy ....

3. Aufforderungen

¿Qué dices? Was sagst du, wenn...

1. ... du den Telefonhörer abnimmst? **2.** ... du einer fremden Frau auf den Fuß trittst? **3.** ... du mit einem Freund in einer Kneipe sitzt und gehen willst? **4.** ... du noch was zu tun hast und gleich kommst? **5.** ... du anrufst und der andere nimmt ab?

4. *El pronombre en acusativo*

1. El vestido ... ¿Compras el vestido?– No, no lo compro.

2. Los billetes ....

3. La carne picada ....

4. Los discos ....

5. Las sardinas ....

6. El vino ....

7. Las madalenas ....

8. Los casetes de música ....

9. El champán francés ....

10. La leche ....

TEORÍA

Reflexive Verben
sind ganz einfach:

Llamarse heißen (sich rufen, nennen)

me llamo	ich heiße
te llamas	du heißt
se llama	er/sie heißt /Sie heißen
nos llamamos	wir heißen
os llamáis	ihr heißt
se llaman	sie/Sie heißen

Venirse kommen und dabei sein:
Rosa se viene con nosotros.
Venir kommen allgemein:
El tren viene a las siete.

genauso:
subirse einsteigen
venirse kommen
volverse (loco) (verrückt) werden
tomarse nehmen/trinken
encontrarse sich treffen, sich befinden

5. Reflexive Verben

1. Señor, ¿cómo .... se llama .... usted? (llamarse)
2. ¿ .... a la fiesta? (tú, venirse)
3. Yo no .... en este coche. (subirse)
4. .... un café y luego vamos al teatro. (tomarse)
5. ¿Por qué no .... mañana? (vosotros, venirse)
6. ¿Cómo .... ? – Gerardo, ¿y tú? (llamarse)
7. Yo .... Paca. (llamarse)
8. Ayyy, por favor, aquí .... loco. (yo, volverse)
9. El señor Arnedo .... cuatro güisquis al día. (tomarse)
10. Los Pérez .... con nosotros en el coche. (venirse)

6. *Ensalada de palabras*
Wortsalat

1. las pesetas por kilo nuevas valen 50 patatas

....

2. blanco yo SEAT tengo Ibiza un

.... Yo tengo un SEAT Ibiza blanco. ....

3. gustan semisecos me vinos no los

....

4. electrodomésticos aparatos Luis para instrucciones traduce

....

5. parte manda no mí me ninguna nadie a a

....

6. congelador la está botella en tercera el

....

7. Isabel sus porque está tienen solario morena padres un

....

8. rojo billete y necesita tiene Amador pantalón un un mil de diez

....

TEORÍA

La posición del adjetivo
Die Stellung des Eigenschaftswortes

el Corte **Inglés**, un kilo de patatas **nuevas**, el vino **blanco**, la carne **picada**

1. Die meisten **Adjektive** stehen **hinter** dem **Substantiv**

No tengo **mucho** dinero. Ramón no viene, tiene **poco** tiempo. ¡**Otro** café, por favor!

2. Mucho, poco und **otro** stehen immer **vor** dem **Substantiv**

Beachte: **otro** steht ohne unbestimmten Artikel:
Otro güisqui, hiics. Noch ein Whisky, hicks.

un **buen** amigo, la **tercera** botella de champán, por aquí no hay **ningún** bar 'Pesetas', **mal** tiempo, **buenas** amigas

Die **männlichen** Formen im **Singular** werden verkürzt:

bueno → buen
malo → mal
ninguno → ningún
primero → primer
tercero → tercer

3. Bueno, malo, ninguno, tercero, primero und **último** stehen meist **vor** dem **Substantiv**

Madonna es una **gran** cantante ... eine großartige Sängerin
Maradona es un **gran** futbolista ... ein großartiger Fußballer

4. Gran**de** wird **vor** dem **Substantiv** männlich und weiblich in der Einzahl verkürzt

7. *Preguntas*
Fragen zum Text

1. ¿Cómo se conocen Julián y Amelia? **2.** ¿Dónde se encuentran? **3.** ¿A qué hora se encuentran? **4.** ¿Te gusta el coche de Julián? **5.** ¿Quién va a Londres? **6.** ¿Le gusta ir a Londres? **7.** ¿Qué hay para tomar en la fiesta? **8.** ¿Cómo es Isabel?

8. Wo gehört das Wörtchen hin?

(Achten Sie drauf, daß die Endung stimmt)

1. Aquí en el hotel no hay .... teléfono .... (público)

2. Compra .... botella .... de champán. (otro)

3. Tengo .... tabaco .... (poco)

4. Es un .... casete .... del mercadillo. (falso)

5. Quiero un .... pantalón.......................... (verde)

6. No tengo ....CD .... de Paco de Lucía. (ninguno)

7. ¿Es el .... avión .... de la mañana? (primero)

8. No, es .... el .... (tercero)

9. Me da dos kilos de .... patatas .... (nuevo)

TEORÍA

Ser & Estar

Beide werden mit **sein** übersetzt, aber unterschiedlich gebraucht:

¿Dónde está tu novio?	Wo ist dein Freund?
Está con su hermana.	Er ist bei seiner Schwester.
La tercera botella está en el coche.	Die dritte Flasche befindet sich im Auto.
Ya sabes donde está.	Du weißt schon, wo sie ist.
¿Cómo estás?	Wie geht es dir?
¿Dónde están los vasos?	Wo sind die Gläser?

Wenn wir im Deutschen **sein** durch **sich befinden** ersetzen können, dann steht auf spanisch **estar**.

¿Cómo se usa estar?
Wie wird estar gebraucht?

Estoy cansado.
Ich bin müde (aber wenn ich ausschlafe oder einen starken Kaffee trinke, werde ich wieder wach. Müde ist also ein vorübergehender Zustand).

Estás muy guapa.
Du siehst gut aus (d. h. du hast dich schön rausgeputzt. Gut aussehen als vorübergehender Zustand).

Estamos a tope de trabajo.
Wir sind voll eingedeckt mit Arbeit. (Wenn wir im Moment auch noch soviel zu tun haben – wenn die Saison vorüber ist, wird es ruhiger.)

Was nur vorübergehend ist, wird mit **estar** ausgedrückt.

Este champán está en oferta.
Dieser Sekt ist im Angebot. (Nächste Woche kostet er vielleicht wieder das Doppelte.)

9. Wie geht der Satz weiter?

1. El primo de mi tío	**a** muy bueno.
2. ¿Julián? Yo no	**b** las compro hoy.
3. Este champán es	**c** en el coche.
4. El champán está	**d** en el armario.
5. ¿Las madalenas? Yo no	**e** es mi hermano.
6. Los vasos están	**f** lo conozco muy bien.

10. Welches der beiden Pronomen paßt?

1. ¿Tienes el vino, ... das un vaso? (yo/me)

2. Señora, ¿tiene .... tomates? (usted/la)

3. Ahí viene mi novio. .... llama Carlitos. (él/se)

4. Este champán .... compra mucha gente. (el/lo)

5. ¿Conoces a Luisa? – No, no .... conozco. (ella/la)

6. ¿Queréis sangría? – Da .... un poco, por favor. (nosotros/nos)

7. Amador no toma café. No .... gusta. (él/le)

8. Esas madalenas son muy buenas. Bueno, compra .... (ellas/las)

11. *Explica la diferencia*
Erklären Sie den Unterschied

1. Juan es muy guapo. – Juan está muy guapo. **2.** El coche es nuevo. – El coche está nuevo. **3.** María es mala. – María está mala. **4.** La nueva secretaria es morena. – La nueva secretaria está morena.

TEORÍA

¿Cómo se usa ser?
Wie wird ser gebraucht?

Tú eres Amalia.
Du bist Amalia (und du bleibst es auch).

¿De qué marca es tu coche?
Von welcher Marke ist dein Auto? (Ein Opel wird kein Jaguar.)

Es muy fácil.
Es ist sehr einfach. (Da kann niemand dran rütteln.)

Soy yo.
Ich bin's. (Und werd's auch bleiben.)

Somos del mismo pueblo.
Wir sind aus dem gleichen Dorf. (So ist der Lauf der Geschichte.)

Es para volverse loco.
Das ist zum Verrücktwerden. (Da kann niemand dran rütteln.)

Fernando es muy guapo.
Fernando sieht (immer) gut aus. (Er ist ein schöner Mann.)

Paco es un chico muy agradable.
Paco ist ein angenehmer Junge. (In jeder Situation, von Natur aus.)

Was eine Person immer ist, Name, gelernter Beruf, Freund (ja, ja, da kann man streiten), was zum Wesen einer Person oder Sache gehört, wird mit **ser** ausgedrückt.

Oft ändert sich durch **ser** oder **estar** der Sinn der Aussage.

Carmen **es** guapa.	Sie ist (von Natur) schön.
Carmen **está** muy guapa.	Sie hat sich schön zurechtgemacht.
La nieve **es** blanca.	Der Schnee ist weiß.
La nieve **está** sucia.	Der Schnee ist schmutzig.

12. *Dos diálogos*

1. Sie rufen eine Freundin an, Sie verabreden sich.
Wo, wann, wozu ...?

2. Sie möchten den Chef Ihrer Frau einladen und sprechen kurz mit ihm.
Wo, wann, wozu ...?

13. *¿La forma correcta de ser o estar?*

1. No venimos a la fiesta. No .estamos. invitados.

2. El señor García .... ingeniero.

3. ¿Dónde .... la estación de trenes, por favor? **4.** Mañana vas a París. ¡Hombre, ... fantástico.

5. Yo .... un buen amigo de José-Luis. **6.** No quiero ir. .... muy cansado. **7.** Hola Amelia, ¿cómo ....?

8. La chica .... muy morena. **9.** ¿Usted .... la señora Sosa? **10.** El jefe no ....aquí. .... con su hermano.

11. ¿Su oficio .... la arquitectura? **12.** El Zorro y yo .... de la misma ciudad. **13.** María, ¿sabes dónde .... el café? **14.** .... españoles pero vivimos en Alemania. **15.** La tercera botella de champán............................en mi coche.

TEORÍA

Unregelmäßige Verben

Sie sind am Anfang ein bißchen schwierig, aber man braucht nicht jedes einzelne gesondert zu lernen. Sie gehören nämlich fast alle zu Gruppen mit den gleichen Besonderheiten. Es ist gut zu wissen, daß die Unregelmäßigkeit kein Chaos ist. Fast immer sind die 1. und 2. Person Mehrzahl regelmäßig (**-amos**, **-áis**, **-emos**, **-éis**, **-imos**, **-ís**). Diese beiden Formen werden auch **endungsbetont** genannt, der Akzent liegt auf der vorletzten bzw. letzten Endsilbe.

Heimgesucht von der Unregelmäßigkeit sind die **stammbetonten** Formen, am stärksten die **1. Person Singular**:

dar:	doy	ich gebe
tener:	tengo	ich habe
ir:	voy	ich gehe/fahre
poner:	pongo	ich setze/stelle/lege
estar:	estoy	ich bin

Der stammbetonte Rest – **2., 3. Sing., 3. Plural** – ist immer nach einem gemeinsamen Prinzip unregelmäßig.

tengo	ganz unregelmäßig
tienes	unregelmäßig
tiene	unregelmäßig
tenemos	regelmäßig
tenéis	regelmäßig
tienen	unregelmäßig

Oft ist auch nur die **1. Person** unregelmäßig.

estoy	**doy**
estas	das
está	da
estamos	damos
estáis	dais
están	dan

14. *Poner en orden* Ordnung machen

1	Dolores	a	¿conoce usted	1	en el bar «Titi».
2	Mi profesor	b	traducís	2	me mata.
3	Pedro,	c	nos volvemos	3	reconozco.
4	Con el nuevo jefe	d	llevar	4	a mi madre?
5	Nos	e	pertenece	5	a un grupo de teatro.
6	Vosotros	f	no te	6	instrucciones técnicas.
7	Te puedo	g	encontramos	7	a la fiesta.
8	Señor,	h	de matemáticas	8	locos.

TEORÍA

c → zc

conocer kennen/kennenlernen

cono**zco**
conoces
conoce
conocemos
conocéis
conocen

genauso:
pertenecer gehören
reconocer (wieder-) erkennen
traducir übersetzen

o → ue

contar zählen/erzählen

c**ue**nto
c**ue**ntas
c**ue**nta
contamos
contáis
c**ue**ntan

genauso:
encontrar finden
poder können
volver zurückkehren
sonar klinge(l)n

e → ie

querer lieben/wollen

qu**ie**ro
qu**ie**res
qu**ie**re
queremos
queréis
qu**ie**ren

genauso:
entender verstehen
pensar denken
perder verlieren
empezar anfangen

15. Konjugieren Sie im Heft

Pertenecer, encontrar, salir, querer, reconocer, volverse loco.

16. Die richtige Form des Verbes

1. ¿ … venir con nosotros?
a quieres
b quieras
c queres

2. El filósofo … .
a piense
b piensa
c pensa

3. Yo no lo … .
a conoce
b conoco
c conozco

4. ¿Dónde está mi coche? No lo … .
a encuentra
b encuentro
c encontro

5. ¿Vosotros … champán en casa?
a tenáis
b tenes
c tenéis

6. Luisa … su viaje a Kenia.
a conta
b cuenta
c cuente

TEORÍA

Ganz unregelmäßig ist **hacer**:

hacer	**machen**
hago	ich mache
haces	du machst
hace	er/sie macht, Sie machen
hacemos	wir machen
hacéis	ihr macht
hacen	sie/Sie machen

El pronombre posesivo
Das Possessivpronomen

mi:	mein, -e	**mis:**	meine
tu:	dein, -e	**tus:**	deine
su:	sein, -e ihr, -e Ihr, -e	**sus:**	seine ihre Ihre
nuestro, -a:	unser, -e	**nuestros, -as:**	unsere
vuestro, -a:	euer, -e	**vuestros, -as:**	eure
su:	ihr, -e Ihr, -e	**sus:**	ihre Ihre

Su heißt also:
1. sein, seine (von er)
2. ihr, ihre (von sie)
3. Ihr, Ihre (von Sie)

nuestro / vuestro sind veränderlich:
nuestr**o** profesor – nuestr**a** profesor**a**

In der **Mehrzahl** bekommt das **pronombre posesivo** immer ein **-s** angehängt: mi**s** amigos, tu**s** padres, su**s** colegas, nuestro**s** profesor**es** – nuestra**s** profesora**s** ...

17. *Sobre gustos*
Über Geschmäcker

Contesta o comenta – beantworte oder kommentiere:

1. No me gusta Alemania.

....

2. ¿Le gusta la música de Julio Iglesias?

....

3. ¿Te gustan los españoles?

....

4. No me gustan las fiestas.

....

5. A José le gusta un Porsche. ¿Y a tí?

....

6. No me gustan «los verdes».

....

18. Familiensalat

1. Carlos es el hijo de mi tío. Soy .... primo.

2. Sois mis padres. Soy .... hijo.

3. La hermana de mi padre es .... tía.

4. Pedro y Antonia, ¿es este .... coche?

5. Lola es mi hermana. .... novio se llama Jesús.

6. Estos son mis tíos. .... hijos son .... primos.

LECTURA

¡SIEMPRE LO MISMO!

¡Siempre lo mismo! Es para volverse loco. Julián está invitado a una fiesta y quiere ligar. Pero no es muy fácil. Llega a la fiesta, toma un vaso de sangría, coge un cigarro[1] y fuma. Cuando ve alguna rubia guapa, le dice: *Hola, ¿cómo te llamas? ¿Te gusta la fiesta? Soy Julián. Trabajo por mi cuenta.* La rubia no tiene mucho interés y dice: Lo siento. Ahí viene mi novio.

Hay una morena guapa en la cocina. Julián le dice: *Hola, ¿cómo te llamas? ¿Te gusta la fiesta? Soy Julián. Trabajo por mi cuenta.* La morena tampoco[2] tiene mucho interés y dice: Mira, no me importa[3] tu trabajo[4]. Perdona, ahí viene mi jefe.

Dice Julián: Venga ya, estás muy guapa. Dice ella: Perdona, no quiero discutir ...
Julián se queda un poco desilusionado. Pero empieza otra vez con otra rubia: *Hola, ¿cómo te llamas? ...*
Otra vez no tiene suerte. Es para volverse loco. ¡Siempre lo mismo!

[1] **coge un cigarro** er nimmt eine Zigarette
[2] **tampoco** auch nicht
[3] **no me importa** ist mir egal
[4] **el trabajo** die Arbeit

¿Sí o no?	sí	no
1. Julían está en el teatro.	■	■
2. Julián no fuma.	■	■
3. Quiere ligar con una rubia guapa.	■	■
4. Julián trabaja en un banco.	■	■
5. La rubia tiene novio.	■	■
6. Ligar no es fácil.	■	■

TEMA 4

COMER Y BEBER

En casa

¿Lola, quieres quedarte a comer? He preparado un potaje buenísimo.

¿Por qué no? Hace mucho que no como potaje.

Ahora lo caliento, y si quieres … pones la mesa mientras.

¿Los platos dónde están, Sole?

Ahí en la cocina, al lado de esas botellas.

¿Qué cubiertos pongo?

Cucharas y un cuchillo para el pan.

La jarra del agua no la encuentro.

La he metido en el frigorífico.

....

Me muero de hambre.

Ya falta poco.

¿Qué hay de comer?

Arroz a la cubana con huevos fritos.

¡Qué rico! ¿Y de postre?

Arroz con leche para variar.

¿En serio?

Toda la mañana he tenido tantas cosas que hacer que no me ha dado tiempo de nada. Así que … pero también hay melocotones, naranjas y fresones.

....

Manolito, ¡come con la boca cerrada! … Entonces, ¿qué ha pasado?

Pues nada, que ha venido la policía y ha cerrado el bar.

Auf dieser Seite finden Sie sieben Vergangenheiten.

Was würden die Apotheker tun ohne Omas zweiten Nachtisch?

Mamá, ¡puaa, qué asco! El filete está quemado. Si no te gusta … Estoy harta de tus caprichos. ¡Come lo que hay en la mesa y cállate, déjame hablar con tu padre! Pepa, ¡trae las pastillas de la abuela!

Mamá, tengo hambre.

Como no te has terminado el arroz …

¿Hay galletas?

Te preparo un bocadillo de queso y te vas a la calle a jugar.

Yo no quiero eso, ¡yo quiero Colacao y galletas!

Déjame en paz. Si quieres: bocadillo y si no … es lo que hay.

……….

Das Frühstück fällt bei den Spaniern nicht besonders üppig aus. Mehr dazu auf Seite 107.

¿Qué desayunáis?

Yo - nada, un café con leche y ya está. Y mi marido desayuna en el bar.

Pues nosotros por la mañana necesitamos nuestras tostadas con mantequilla y mermelada, nuestro zumo de naranja …

Pues a mí me hace falta mucho café con mucho azúcar. Si no, no sirvo …

En el restaurante

La entrada

Esta noche no tengo ganas de hacer la comida.

No importa tesoro, vamos a ese restaurante que han abierto. Te invito yo.

Oh, Alberto, ¡qué generoso estás!

Lo que pasa es que no tengo dinero. ¿Me puedes

prestar cinco mil?
¿Me invitas o pago yo?
¿Quién no tiene ganas de hacer la comida?

Was wirst du nehmen? Was werden sie nehmen? Mit dieser Konstruktion kann man die Zukunft ausdrücken. **Voy a comprarme un Ferrari** – sagt einer, der hofft, daß er im Lotto gewinnt.

Primer plato

Oiga, llevamos media hora ya en esta mesa y todavía no ha traído la carta.
¿No ve cuánto trabajo tenemos?
Sí, pero la gente de esa mesa de ahí ha llegado después y ya tienen la bebida.
Un momentito, en seguida vuelvo con la carta.
Venga, Rosa, rápidamente, ¿qué vas a tomar? …
Yo, una cerveza grande.
Para mí, un agua mineral.
¿Con o sin gas?
Con gas, por favor.

Segundo plato

¿Qué van a tomar?
No sabemos muy bien. Usted, ¿qué nos recomienda?
Puedo traer unos entrantes o unas gambitas y después vichysoise.
¿Qué lleva eso?
Puerros, nata, queso rallado …
Muy bien, yo me tomo eso.
Yo una tortilla de patatas.
¿Y de segundo?
¿Pescado hay?
Tenemos besugo al horno, merluza a la vasca, atún a la asturiana.
¿Eso qué lleva?
Es un secreto del cocinero.

Sie erinnern sich: **llevar dinero** – Geld bei sich haben. **Llevar** kann auch heißen: enthalten sein.

In einem Zeitalter der coolness drückt **pasar de** aus, daß einen etwas kaltläßt. Entsprechend ist **el pasotas** einer, dem alles mehr als egal ist, auf deutsch: ein Nullbock-Typ.

Yo atún y una jarra de vino blanco por favor. ¿Y tú, qué quieres?

Yo, paso de pescado. Un escalope con patatas fritas y ensalada.

¡Qué poco original eres! Una vez que te invito a un restaurante - y comes lo de siempre.

Tercer plato

Aquí tiene su pescado y su escalope. ¡Qué aproveche!

...

Mmmh, este atún me gusta así. Está buenísimo, para chuparse los dedos.

No me gusta nada esto. La carne está dura y las patatas están sosas. Falta sal.

Tesoro, pásame el pan, por favor.

Me encanta esta lechuga.

¿Quieres probar mi atún?

No, no, yo paso de pescado.

Guten Appetit! sagt keiner auf spanisch, **möge es Nutzen bringen** wird es nämlich konstruiert.

Cuarto plato

Mira Alberto, ¿has visto, no es ese Pepito, el marido de Aurora?

¿Dónde?

En aquella mesa.

No lo veo, ¿dónde dices?

Allí al fondo.

Sí, es él.

No nos saluda, yo pienso que no nos quiere ver.

Quinto plato

Camarero, hemos terminado. ¿Qué hay de postre?

Hay: flan, fruta del tiempo, melocotones en almíbar, macedonia, crema catalana, …
No me apetece ninguno de esos postres. ¿Tiene tarta helada?
Lo siento, no me queda.
Entonces un flan con nata. Tú tesoro, ¿qué quieres?
Yo, una manzana.
¿Otra vez?
Yo como lo que me da la gana.
(al camarero) ¿Me trae un café y una copa de coñac?
¿De qué marca lo quiere?
Aquel que hay allí en la barra.

Ist das nicht eine poetische Umschreibung für etwas sehr unangenehmes: die Leidvolle. Wenn der Bauch voll ist, dann drückt die Hose und hält das Portemonnaie fest. Es gibt übrigens keine richtige Regel für das Trinkgeld. Normalerweise wird nach oben aufgerundet.

Plato fuerte
Oiga, nos trae la dolorosa por favor.
Ahora mismo.

Oiga, la cuenta por favor.
Ya voy.

Aquí la tiene.
¡Siete mil cuatrocientas cuarenta y ocho! ¿Cómo puede ser?
Ahí lo pone todo.
Y ahora, ¿qué hacemos? Sólo llevo un billete de cinco mil …

¡APRENDE!

Comer y beber

Essen & Trinken

En casa

Zu Hause

quedarse
bleiben
he preparado
ich habe vorbereitet
un potaje
ein Eintopf
buenísimo/a
sehr gut, hervorragend
hace mucho
schon lange her
calentar
aufwärmen
poner
setzen, stellen, legen
poner la mesa
den Tisch decken
mientras
währenddessen
los platos
die Teller
al lado de
neben
esas botellas
jene Flaschen
los cubiertos
das Besteck
las cucharas
die Löffel
un cuchillo
ein Messer
la jarra
der Krug
el agua (fem.)
das Wasser
encontrar
finden
lo/la he metido
ich habe ihn/sie gestellt
el frigorífico
der Kühlschrank
me muero (morir)
ich sterbe
el hambre (fem.)
der Hunger
ya falta poco
gleich ist es soweit (schon fehlt wenig)
el arroz a la cubana
Reis auf kubanische Art (mit fritierter Banane, Tomatensoße und Spiegelei)
frito/a
fritiert
¡qué rico!
wie gut! (was schmeckt)
el postre
der Nachtisch
el arroz con leche
der Milchreis
variar
abwechseln
¿en serio?
im Ernst?
en toda la mañana
den ganzen Morgen lang
tenido
gehabt
he tenido tantas cosas que hacer
ich habe so viele Sachen zu tun gehabt
no me ha dado tiempo
ich habe keine Zeit dazu gehabt
así que
also
los melocotones
die Pfirsiche
las naranjas
die Apfelsinen
los fresones
die Erdbeeren
¡come con la boca cerrada!
mach den Mund zu beim Essen (iß mit geschlossenem Mund)
ha pasado
es ist passiert
pues nada
nichts halt
venido
gekommen

la policía
die Polizei
cerrado/a
geschlossen
¡qué asco!
wie ekelig! (welch Ekel)
el filete
das Filet (meist ist es aber Schnitzel)
quemado/a
angebrannt
si
falls, wenn
estoy harto/a
ich bin es leid
los caprichos
die Launen
lo que hay
das ist, was es gibt
¡cállate!
sei ruhig!
¡déjame!
laß mich!
hablar
sprechen
el padre
der Vater
¡trae!
bring!
las pastillas
die Tabletten
la abuela
die Oma
como
da
tengo hambre
ich habe Hunger
terminado/a
beendet, fertig
las galletas
die Kekse
preparar
vorbereiten, zubereiten
el bocadillo
das belegte Brot
el queso
der Käse
te vas a la calle
du gehst raus auf die Straße
jugar
spielen
Colacao
spanische Kakaomarke (gesüßt)
¡déjame en paz!
laß mich in Frieden!
desayunar
frühstücken
el café con leche
der Milchkaffee
y ya está
und fertig
el marido
der Ehemann
nosotros
wir
por la mañana
morgens
nuestro/a
unser
las tostadas
die Toasts
la mantequilla
die Butter
la mermelada
die Marmelade
el zumo de naranja
der Orangensaft
hacer falta
nötig sein
me hace falta
ich brauche
mucho café
viel Kaffee
mucho azúcar
viel Zucker
si no, no sirvo (servir)
sonst bin ich zu nichts zu gebrauchen

En el restaurante
Im Restaurant

La entrada
Die Vorspeise

esta noche
heute abend
no tengo ganas de
ich habe keine Lust zu
ese
dieser/jener

han abierto
sie haben aufgemacht
tesoro
Schatz (Anrede zwischen Langzeit-paaren)
te invito
ich lade dich ein
generoso/a
großzügig
lo que pasa es
was passiert ist, ist, daß ..
prestar
leihen
pagar
bezahlen
tener ganas
Lust haben

El primer plato
Der erste Gang

llevamos media hora ya en esta mesa
wir sind schon eine halbe Stunde an diesem Tisch
todavía
noch
traído
gebracht
la carta
die Speisekarte (auch der Brief)
ver
sehen
la gente
die Leute
de esa mesa de ahí
von diesem Tisch dort
llegado
(an)gekommen
después
danach
la bebida
das Getränk
un momentito
einen kleinen Moment
en seguida
sofort
vuelvo
ich komme wieder
venga
auf!
rápidamente
schnell
¿qué vas a tomar?
was wirst du trinken/essen?
para mí
für mich
grande
groß
un agua (fem.) mineral
ein Mineralwasser
con o sin gas
mit oder ohne Kohlensäure

El segundo plato
Der zweite Gang

sabemos
wir wissen
recomendar
empfehlen
¿qué nos recomienda?
was empfehlen Sie uns?
unos entrantes
Vorspeisen
unas gambitas
Krabben
la vichysoise
die Vichysoise
¿qué lleva eso?
was ist da drin?
el puerro
der Lauch
la nata
die Sahne
rallado/a
gerieben
una tortilla
ein Eierkuchen, Omelette
el pescado
der Fisch
el besugo al horno
Graubarsch, Rotbrasse aus dem Ofen (außerdem bedeutet besugo Dummkopf, Trottel)

los ojos de besugo
Glotzaugen
besuquear
knutschen
la merluza a la vasca
Seehecht auf baskische Art
el atún a la asturiana
Thunfisch auf asturianische Art
un secreto
ein Geheimnis
el cocinero/la cocinera
der Koch, die Köchin
paso de (pasar de) ⟨ ⟩
ich mach mir nichts aus .../mir ist ... egal
un escalope
ein Schnitzel
las patatas fritas
die Pommes frites (auch ohne Mayo)
la ensalada
der Salat
¡qué poco original estás!
wie wenig originell du bist!
una vez que te invito
wenn ich dich mal einlade (einmal, daß ich dich einlade)
lo de siempre
immer das gleiche (das von immer)

El tercer plato
Der dritte Gang

¡que aproveche!
guten Appetit!
me gusta así
so schmeckt mir ...
buenísimo/a
hervorragend
para chuparse los dedos
zum Sich-die-Finger-Schlecken
no me gusta nada esto
das schmeckt mir überhaupt nicht
duro/a
hart
soso/a
fade
falta sal
es fehlt Salz
¡pásame el pan!
reich mir das Brot!
me encanta
find ich wunderbar (verzaubert mich)
la lechuga
der Blattsalat
probar
probieren

El cuarto plato
Der vierte Gang

¿has visto?
hast du gesehen?
¿no es ese Pepito ?
ist das nicht Pepito?
aquella , aquel
jene, jener
no lo veo
ich sehe ihn nicht
dices
du sagst
allí
dort
el fondo
der Hintergrund
al fondo
hinten
él
er
saludar
grüßen
pensar
denken
no nos quiere ver
der will uns nicht sehen

El quinto plato
Der fünfte Gang

el camarero/la camarera
der Kellner, die Kellnerin
el postre
der Nachtisch
hemos terminado
wir sind fertig
el flan
Karamelpudding
la fruta del tiempo
das Obst der Saison
los melocotones en almíbar
Pfirsich in Sirup (aus der Dose)
la macedonia
der Obstsalat
la crema catalana
die katalanische Creme (süß)
apetecer
Hunger/Lust haben auf
la tarta helada
die Eistorte
una manzana
ein Apfel
otra vez
schon wieder

¡Escucha! 4

8

	sí	no
en casa		
1. Lola no se queda para comer.	■	■
2. Hay arroz a la valenciana.	■	■
3. Manolito no come todo.	■	■
4. Manolito quiere un bocadillo de queso.	■	■
5. El marido no desayuna en casa.	■	■
En el restaurante		
la entrada: Esta noche Alberto y su tesoro no comen en casa.	■	■
primer plato: Alberto y Rosa llevan una hora esperando.	■	■
segundo plato: El camarero recomienda vichysoise.	■	■
tercer plato: El escalope está soso.	■	■
cuarto plato: Pepito saluda a Alberto y Rosa.	■	■
quinto plato: Rosa come un flan con nata.	■	■
plato fuerte: Alberto no lleva bastante dinero.	■	■

yo como lo que me da la gana
ich esse, worauf ich Lust habe
una copa
ein Gläschen
el coñac
der Cognac
la barra
der Tresen

El plato fuerte
Das Hauptgericht

fuerte
stark
la dolorosa
die Leidvolle (gemeint ist die Rechnung)
ahora mismo
jetzt gleich

la cuenta
die Rechnung
ya voy
ich komme schon (wörtlich: gehe)
aquí la tiene
hier haben Sie sie
¿cómo puede ser?
wie ist das möglich (kann das sein)?
ahí lo pone todo
da steht alles

Land und Leute: Essen, Trinken & Co.

Zu verhungern oder zu verdursten braucht niemand in Spanien, immer ist irgendwo eine Kneipe offen. Frühstück morgens um sechs – kein Problem. Abendessen um halb zwölf nachts – auch kein Problem. Und ein belegtes Brot um drei Uhr früh – erst recht kein Problem.

*Spanien ist das Land mit den meisten **bares** pro Kopf, manchmal kommt auf 200 Einwohner eine Kneipe. Dort trifft man sich, und sei es auch nur, um gemeinsam woandershin zu gehen. Nicht wenige frühstücken erst gar nicht zu Hause, sondern gehen auf dem Weg zur Arbeit noch schnell in einer **bar** vorbei. **Café con leche con una tostada** heißt das Frühstück, und die **tostada** wird bestrichen mit Marmelade, zerdrückten Tomaten oder in Andalusien auch mit Schweineschmalz oder Knoblauch mit Olivenöl.*

*Ab zwölf Uhr mittags schaltet der Wirt dann auf **aperitivo** um: ein erstes Bierchen oder kurz vor dem Essen auch ein Weinchen mit einer **tapa** – jenem urspanischen Snack, der den Gaumen kitzelt und verhindert, daß das Getränk zu schnell in den Kopf steigt.*

*Mittags um vier, nach der **siesta** auf dem Weg zur Arbeit, gibt es wieder einen Kaffee und auf dem Heimweg vor dem Abendessen den zweiten **aperitivo**. Ungewöhnlich ist es nicht, daß einer wenig verdient und davon zehn Prozent in die Kneipen trägt.*

TEORÍA

El pretérito perfecto
Das Perfekt

he pagado	ich habe bezahlt
he llegado	ich bin angekommen

Das **Perfekt** wird ganz einfach gebildet:

1. Hilfsverb ist immer **haber** – haben:

he	ich habe
has	du hast
ha	er/sie hat
hemos	wir haben
habéis	ihr habt
han	sie haben

2. Partizip II (oder Partizip Perfekt) ist fast immer Verbstamm + **-ado** oder **-ido**

prepar**ar**	prepar**ado**
met**er**	met**ido**
discut**ir**	discut**ido**
pas**ar**	pas**ado**
vend**er**	vend**ido**
serv**ir**	serv**ido**
est**ar**	est**ado**
ten**er**	ten**ido**
viv**ir**	viv**ido**
ir	**ido**
d**ar**	d**ado**

Pretérito perfecto: Präsens von **haber** + Partizip II

Partizip der Verben auf **-ar** ist **ado**, auf **-er** und **-ir** ist **ido**

Es gibt nur wenige **Ausnahmen**: **ver – visto**, **abrir – abierto**, **poner – puesto**. Andere werden wir später sehen.

PRÁCTICA

1. *Pon las siguientes frases en pretérito perfecto*
Setze die folgenden Sätze ins Perfekt

1. Esta mañana empieza el congreso.

Esta mañana ha empezado el congreso.

2. Vamos en taxi al banco para cambiar dinero.

....

3. Voy a comer con un colega.

....

4. Esta semana Amador da conciertos en la calle.

....

5. La gente le da mucho dinero.

....

6. ¿Hablas con el director?

....

7. No discutimos el problema.

....

8. En la fiesta los esnobs toman wodka y comen hamburguesas.

....

9. ¡Uyyy, tu champán se me sube a la cabeza.

....

10. Este año Alfonso vive y trabaja en Barcelona.

....

11. Héctor y Lola se encuentran en un restaurante.

....

12. Te lo pregunto.

....

2. Zu zweit

Fragen Sie sich gegenseitig:

¿Dónde has estado?
¿Qué ha pasado?
etc.

TEORÍA

Einfacher als im Deutschen brauchen wir nicht zu fragen: haben oder sein als Hilfsverb? Immer heißt es **he** ido – ich **bin** gegangen, **he** comprado – ich **habe** gekauft. Spanier, die Deutsch lernen, haben es da schwerer: «Gestern is chabe gefahre nach Frankfort.»

¡Bitte beachten!:
Alles, was im pretérito perfecto ausgedrückt wird, reicht in die Gegenwart. **Esta mañana he preparado el cocido** – Heute morgen habe ich den Eintopf gekocht, jetzt können wir ihn essen.
Oft stehen folgende Zeitangaben beim perfecto: **hoy** – heute, **esta mañana** – heute morgen, **esta semana** – diese Woche , **este año** – dieses Jahr …

Los verbos irregulares

e → i	**o → ue**
servir	**morir**
s**i**rvo	m**ue**ro
s**i**rves	m**ue**res
s**i**rve	m**ue**re
servimos	morimos
servís	morís
s**i**rven	m**ue**ren
Participio pasado: **servido** Genauso: pedir – bitten, fordern	Participio pasado: **muerto** Genauso: dormir/dormido schlafen encontrar etc. (siehe **Tema 3**)

PRÁCTICA

3. *Pon las flechas*
Zieh Pfeile

1 Me muero	a nos	1 en Barcelona?
2 ¿Has	b sirve	2 sirvo.
3 Si no,	c ven	3 en teatro?
4 ¿Qué	d de	4 un plato de pescado.
5 ¿Has	e el pan	5 por favor.
6 El camarero	f estado	6 un film.
7 Pásame	g trabajado	7 recomienda?
8 Isabel y Toni	h no	8 hambre.

4. *Pepa cuenta lo que ha pasado esta mañana*

1. Esta mañana ....he desayunado....... café con leche y una tostada. **2.** Después .... mi amigo Carlos. **3.** Juntos .... a la calle para comprar un disco. **4.** En la sección de discos de El Corte Inglés .... un disco interesante. **5.** Carlos .... este disco con un billete de cinco mil pesetas. **6.** El vendedor .... el billete y .... con un colega. **7.** Después los dos................................ a la policía y Carlos .... que ir con ellos. **8.** Ahora estoy sola.

Los verbos que faltan: desayunar, venir, salir, comprar, pagar, tomar, hablar, llamar, tener – tener que (müssen, haben zu)

5. *¿Cómo se dice en alemán?*
Wie heißt das auf deutsch?

(Schlagen Sie notfalls im Vokabular oder im Glossar nach)

1. Hace mucho que no fumo. **2.** Isabel ha puesto la mesa. **3.** ¿Está preparado el cocido? **4.** En toda la mañana no me ha dado tiempo de nada. **5.** Manolito, ¡come con la boca cerrada! **6.** ¡Estoy harto de tus caprichos! **7.** ¡Déjame en paz! **8.** Si no, no sirvo. **9.** No tienes ganas de nada. **10.** Llevamos media hora ya en esta mesa. **11.** Yo paso de pescado. **12.** El atún lleva arroz, mantequilla y naranjas. **13.** ¡Que aproveche! **14.** Yo como lo que me da la gana. **15.** ¿Nos trae la dolorosa, por favor? **16.** Ahí lo pone todo.

TEORÍA

Verkleinerungsformen gehören in die Sprache des Alltags. Unsere Schwaben sind den Spaniern da am nächsten. Meist drückt das etwas Liebevolles aus: **Vamos a tomar una cervecita**. Oder: **Vamos a tomar un cafelito.** Der Kellner hinter der Theke sagt zum Beispiel: **¿Qué tapita le pongo? – Was für eine kleine Tapa darf es sein?** Diminutive werden auch für Personen gebraucht, die Kinder heißen erst mal **Miguelito, Pepita, Paquito, Carlitos, Isabelita** oder **Juanita**. Wenn sie größer sind, werden sie dann zu **Miguel, Josefa, Francisco, Carlos, Isabel** oder **Juana**. Oder sie bleiben ihr Leben verkleinert, auch bei 1 Meter 94. Auch Adjektive werden verkleinert: **una sopa calentita** – das Süppchen, das heiß sein soll, **la chica morenita** – das schön gebräunte Mädchen oder **el champán fresquito** – der schön gekühlte Sekt.

Los diminutivos
Die Verkleinerungsformen

Manolo	Manol**ito**
Señora	Señor**ita**
un momento	un moment**ito**
la gamba	la gamb**ita**
Pepe	Pep**ito**
Pepa	Pep**ita**

-ito (männl.) und **-ita** (weibl.) sind die häufigsten Verkleinerungsformen. Andere sind **-illo**/**-illa** und **-ino**/**-ina**

e → ie

pensar

p**ie**nso
p**ie**nsas
p**ie**nsa
pensamos
pensáis
p**ie**nsan

Participio pasado:
pensado
Genauso:
cerrar/**cerrado**
schließen
recomendar/
recomendado
empfehlen
(re)calentar/
(re)calentado
(auf)wärmen

ver

veo
ves
ve
vemos
veis
ven

Participio pasado:
visto

6. *Crucigrama* Kreuzworträtsel

1. Quiero pagar. ¿Me trae la .... por favor? **2.** Le gusta .... con las chicas morenas en la fiesta. **3.** No es fácil, es .... **4.** Mi jefe me quiere .... a Londres. **5.** (300) .... ptas. **6.** ¿Hay una .... de teléfono por aquí?

Das Lösungswort finden Sie von links nach rechts. Eigentlich sind es zwei Wörtchen, die immer dann passen, wenn man nicht weiterweiß.

7. Wie heißt das auf deutsch?

1. la señorita .... **7.** un panecillo ....

2. un cochecito .... **8.** un cigarrito ....

3. una botellita .... **9.** una copita ....

4. la abuelita .... **10.** el mercadillo ....

5. un zumito .... **11.** un pescaíto ....

6. un cafelito .... **12.** un dinerillo ....

TEORÍA

El pronombre demonstrativo
Das Demonstrativpronomen

esto steht für nahe beim Sprecher:	**dies**
eso steht für näher beim Angesprochenen:	**das**
aquello steht für weiter entfernt:	**jenes**

Vor dem Hauptwort werden die Formen verändert:

este		**estos**	
ese	hombre	**esos**	hombres
aquel		**aquellos**	

esta		**estas**	
esa	mujer	**esas**	mujeres
aquella		**aquellas**	

Ortsadverbien

Die gleiche Dreiteilung gilt für:

aquí	hier
ahí	da
allí	dort

Los números ordinales
Die Ordnungszahlen

1°	primero	**6°**	sexto	**11°**	undécimo
2°	segundo	**7°**	séptimo	**12°**	duodécimo
3°	tercero	**8°**	octavo	**13°**	décimotercero
4°	cuarto	**9°**	noveno	**100°**	centésimo
5°	quinto	**10°**	décimo	**1000°**	milésimo

el segundo vino	der zweite Wein
la segunda botella	die zweite Flasche

Die Ordnungszahlen sind veränderlich. Sie werden in der Regel nur bis **10° – décimo** gebraucht. Ab dann steht die Grundzahl.

Primero und **tercero** werden wie **bueno/malo** etc. vor dem männlichen Substantiv in der Einzahl verkürzt: el **primer** plato, mi **tercer** viaje a Canarias …

Bei **Adressen** steht:
Calle Calvo Sotelo 4, 4°– D (vierter Stock D oder rechts für **derecha**)

8. Markieren Sie ...

... im Text alle Ausdrücke mit **este**, **ese**, **aquel** und **aquí**, **allí**, **ahí** etc. Wir haben fünf gezählt. **¿Hay más?** – Gibt's mehr?

¡Ojo! – Achtung! Nicht mit den Verbformen **estás** und **está** verwechseln.

9. Sie fahren mit einem Freund im Auto und zeigen ihm die Stadt

1. ....Esta.... es la estación de trenes. **2.** .... es el teatro. **3.** .... son las discotecas modernas. **4.** .... es El Corte Inglès. **5.** .... son los grandes bancos. **6.** .... es el aeropuerto.

10. *Pon el número correspondiente* Setze die passende Nummer ein

1. La ......quinta........ sinfonía de Beethoven: ta-ta-ta-taaaaaaa. (5.) **2.** Este es mi .... viaje a Galicia. (4.) **3.** ¿El teatro Colón? – La .... calle a la derecha. (3.) **4.** ¿Tiene el último disco de Paco de Lucía? – No, sólo me queda el ....y el ....(2. & 5.) **5.** Tengo el .... elepé (LP) de los Rolling-Stones.(1.) **6.** El .... viaje. (6.) **7.** La .... casa (4.) **8.** La .... nación (1.) **9.** El .... cielo. (Himmel, 7.)

TEORÍA

Exclamaciones
Ausrufe

¡Qué va!	Ach was! Überhaupt nicht!
¡Qué suerte tienes!	Hast du ein Glück!
¡Qué rico!	Wie gut (das schmeckt)!
¡Qué poco original estás!	Wie einfallslos du bist!
¡Qué asco!	Wie ekelig!
¡Cuánto me gusta este atún!	Wie (sehr) mir dieser Thunfisch schmeckt!

¡Qué! und **¡cuánto!** - wie und wie sehr/wieviel stehen zwischen Ausrufezeichen als Ausdruck der Verwunderung, Überraschung, Ablehnung, Zustimmung etc.

Die Stellung des direkten Pronomens im Perfekt

La jarra del vino, **la** he metido en el frigorífico.
No **te** has terminado el arroz.
No **me** ha dado tiempo de nada.
¿Los libros? **Los** he traído.

Im **pretérito perfecto** stehen die **direkten Pronomen vor** dem Hilfsverb **haber**.

Der Gebrauch von *querer* und *llevar*

Querer heißt wollen und lieben. Es steht allein oder als Modalverb mit einem anderen Verb:

Te quiero. Ich liebe dich.
Quiero una hamburguesa. Ich will 'n Whopperburger.
¿Quieres tomar un coñac? Willst du einen Cognac trinken?

Llevar in seinen verschiedenen Bedeutungen:

¿Me llevas a la estación? Bringst du mich zum Bahnhof?
La sangría lleva licor. In der Sangría ist Likör drin.
¿Cuánto tiempo llevas en Madrid? Seit wann bist du in Madrid?
Llevo dos semanas ya aquí. Ich bin schon seit zwei Wochen hier.

11. *¿Cómo se dice en español?* Wie sagt man auf Spanisch?

1. Heute habe ich unser Auto verkauft.

....

2. Wir haben nicht in Alicante gelebt.

....

3. Hast du diesen Film gesehen?

....

4. Ich habe dir einen phantastischen Eintopf serviert – und er schmeckt dir nicht.

....

5. Herr Ober, wie ekelig! Dieser Thunfisch ist aufgewärmt.

....

6. Du bist ein Kapitalist (capitalista).

....

7. Überhaupt nicht! Ich habe kein Geld.

....

8. Wie sehr mir dieser Reis schmeckt!

....

9. Ich bringe dich zum Flughafen.

....

10. Nein, danke. Ich möchte ein Taxi nehmen.

....

LECTURA

UNA COMIDA DE TRABAJO[1]

Alfonso Trece Guerra es director de teatro[2]. Vive y trabaja en Barcelona. Trabaja con grupos de teatro moderno. Teatro de vanguardia[3]. Le hace falta una mujer guapa para una producción[4] nueva.

Lola España es una modelo[5]. Trabaja en la moda[6]. Es elegante y guapa, está siempre muy bien vestida[7] y morena – es una mujer perfecta[8]. ¿Dónde se encuentran Alfonso y Lola? En un restaurante muy caro. Tienen una «comida de trabajo».

«¿Qué quieres tomar Lola?», empieza Alfonso. «¿Yo?, agua mineral, con gas o sin gas, no importa.» Alfonso llama al camarero: «Oiga, me trae un güisqui con soda[9] y un agua mineral, por favor.»

«¿… has trabajado en teatro?», quiere saber Alfonso. Parece que no: «Todavía no mucho, pero me encanta», dice Lola. «¿Te gusta el teatro moderno, de vanguardia?», pregunta Alfonso. Lola es muy moderna: «Sí, mucho, me gusta Dallas, Falcón Crest, La Clínica de la Selva Negra[10] …»
Protesta[11] Alfonso: «¡Pero eso es televisión!»
«No importa.Tu coche de qué marca es?»
«Es un SEAT, no es muy nuevo.»
«Pues a mí me gustan los Mercedes blancos descapotables[12].»

Cuando ya han terminado el aperitivo, Alfonso pregunta:
«¿Qué vamos a comer?»

1 **una comida de trabajo** Arbeitsessen
2 **el director de teatro** der Theater-Regisseur
3 **la vanguardia** Avantgarde
4 **la producción** Produktion
5 **la ⟨ ! ⟩ modelo** Mannequin
6 **la moda** Mode
7 **vestido/a** angezogen, gekleidet
8 **perfecto/a** perfekt
9 **un güisqui con soda** Whisky mit Soda
10 **la Clínica de la Selva Negra** Schwarzwaldklinik
11 **protestar** protestieren
12 **el descapotable** das Cabriolet

«¿Yo?, un pescado al horno con ensalada.»
Alfonso llama al camarero: «Por favor: un pescado con ensalada para la señorita y yo empiezo con unas gambitas, después un plato de vichysoise, después merluza a la vasca, y después dos escalopes con patatas fritas, y para terminar de postre una crema catalana con mucha nata.»
El camarero pregunta: «¿Lo sirvo todo junto[13]?»
«No, hombre, no … » protesta Alfonso, «y por favor, ¿me trae una botella de vino tinto, un Monistrol reserva 1972?» (mil novecientos setenta y dos)
«Oh, lo siento, no me queda del 72.»
«Entonces uno del 92, no importa.»
Lola reconoce a un colega de Alfonso: «Mira, el chico de esa mesa de ahí, ¿no es el Pedro Almodóvar?»
«Ayy, ¡déjame en paz, Lola, con ese idiota[14]!» A Alfonso no le gustan esos directores de moda[15].
«¿Quieres tomar una copa de este vino?» – Ay, Lola no puede, es que ha tomado unas pastillas. Quiere saber cuándo empieza la producción.
Ahora el teatro no le interesa mucho a Alfonso. Piensa en otra cosa: Esta chica está para chuparse los dedos. Le dice: «Primero[16] ven[17] a mi casa a tomar una copa y vamos a hablar más …»

[13] **¿lo sirvo todo junto?** soll ich alles zusammen servieren?
[14] **el idiota** der Idiot
[15] **de moda** „in"
[16] **primero** zuerst
[17] **ven** komm

¿Sí o no?	sí	no
1. Alfonso Trece es director de televisón.	■	■
2. Quiere trabajar con Lola España.	■	■
3. Los dos comen juntos.	■	■
4. Alfonso come muy poco.	■	■
5. Lola no bebe vino.	■	■
6. Alfonso invita a Lola a su casa	■	■

TEST 2

1. *Comprensión auditiva*

Schauen Sie sich noch einmal im Anhang die Regeln für Aussprache und Schrift an. Schreiben Sie dann die Wörter, die Sie von der Cassette hören:

1.	2.	3. ....
4.	5.	6. ....
7.	8.	9. ....
10.	11.	12. ....
13.	14.	15. ....
16.	17.	18. ....

2. Welche ist die passende Antwort?

1. ¿Dónde quedamos?

- a En la mañana.
- b En la puerta de la iglesia.
- c En el libro.

2. ¿Cuánto tiempo hace que conoces a María?

- a María es una amiga.
- b Uyyy, muchos años ya.
- c Uff, una pila de coches.

3. Y tú, ¿qué haces?

- a Soy taxista.
- b Tengo un coche.
- c La gasolinera está en la plaza.

4. ¿Te gusta el vino?

- a No tengo hambre.
- b Mmh, es fantástico.
- c Manolo es muy guapo.

5. ¿Qué es lo que hay para beber?

- a Hay un pantalón rojo.
- b Hay vino y sangría.
- c Hace calor.

6. ¿Quieres quedarte a comer?

- a No, no tengo hambre.
- b Sí, soy cocinero.
- c Pero también hay melocotones.

7. ¿Me invitas?

- a No quiero vino.
- b ¿Llevas mucho dinero?
- c Carmen está invitada.

8. Usted, ¿qué nos recomienda?

- a Lleva puerros, queso y nata.
- b No lo veo.
- c Un besugo al horno.

9. ¿Tiene tarta helada?

- a Hay crema catalana.
- b No tengo dinero.
- c No me queda.

10. ¡8000 Pesetas! ¿Cómo puede ser?

- a Le traigo la cuenta.
- b Ahí lo pone todo.
- c Sólo llevo cinco mil.

3. *Comprensión auditiva*

Luisa está en la fiesta. Cuenta cosas de su vida. Luisa ist auf dem Fest. Sie erzählt aus ihrem Leben.

Hören Sie den Bericht, wenn erforderlich, zweimal. Kreuzen Sie dann an, ob die sieben folgenden Aussagen richtig oder falsch sind:

	correcto	falso
1. Luisa está cansada.	☐	☐
2. Luisa tiene mucho trabajo.	☐	☐
3. Luisa no va a Londres.	☐	☐
4. Le manda su jefe a Londres.	☐	☐
5. En la fiesta hay vino francés.	☐	☐
6. Luisa toma sangría.	☐	☐
7. Los vasos no están en la cocina.	☐	☐

4. Kreuzen Sie das fehlende Wort an:

1. Manuel, ¿ …… vienes esta noche?

a se
b nos
c te

2. El director no …… aquí.

a es
b estás
c está

3. Mis amigos …… profesores.

a están
b son
c estamos

4. Paco, ¿ …… hablado ya con el jefe?

a has
b tienes
c hemos

5. Señor, yo ...... llevo a la estación.

- a te
- b le
- c se

6. Carmen ya ...... tres semanas en Alicante.

- a es
- b lleva
- c quiere

7. Ha ...... el señor Peramos.

- a muere
- b morido
- c muerto

8. Esta mañana hemos ...... algo fantástico.

- a vistos
- b veído
- c visto

9. Tú, ¿qué ...... de este problema?

- a pensas
- b piensas
- c piensa

10. No me ...... los políticos.

- a gusto
- b gusta
- c gustan

11. Martirio es una ...... cantante.

- a primer
- b buen
- c gran

12. José, ¡ ...... en el bar!

- a esperar
- b espérame
- c esperáis

5. *Ser* oder *estar*?

Setzen Sie die entsprechende Form ein:

1. Lo siento, el señor Alfonsín no .... aquí en este momento, ... de viaje.
2. Tú .... muy malo. ¿Por qué me dices estas cosas?
3. Nnnh, esto .... un problema muy complicado.
4. Nosotros .... en el norte de los Pirineos.
5. Mis padres .... profesores.
6. Hoy yo no .... muy bien.
7. Mi coche tiene 10 años, pero .... como nuevo.
8. Me he comprado un coche. .... un coche nuevo.
9. Ahh, vosotros no .... españoles, ... alemanes.
10. Señores, ¡ustedes .... invitados! Hoy pago yo.

6. *El pretérito perfecto*

Setzen Sie die folgenden Sätze ins Perfekt:

1. Mis abuelos comen melocotones en almíbar.

....

2. No me gustan las películas americanas.

....

3. Mi tío abre un bar.

....

4. José me invita a comer.

....

5. La señora Escribano tiene muchas cosas que hacer.

....

6. Nuestra hermana se queda en casa.

....

7. Luis me cuenta su vida.

....

8. ¿Por qué no venís?

....

Test 2 – Gesamtpunktzahl aller richtigen Antworten:

Land und Leute: Schmalzgebäck mit Schokolade

Jedermanns Sache sind sie nicht, die in Fett gebackenen, triefenden Schmalzkringel. ***Churrería*** *heißen die Orte, wo die Dinger mit heißer, gedickter Schokolade verdrückt werden.* ***Churros*** *kommen immer gelegen, zum Frühstück, zum zweiten Frühstuck, nachmittags als Vesper und besonders, wenn* ***feria*** *ist und man morgens um halb sechs vor dem Schlafengehen sich noch schnell den Bauch füllt. Nach einer durchzechten Nacht tut das gut und hilft dabei, den Alkohol abzubauen. Sonntags ist es Sitte, nicht mit gekochtem Ei und Orangensaft spät zu frühstücken, sondern eben mit* ***churros****.*

ORTIDA

ENFERMEDAD Y SALUD

En un centro de salud

Me duele todo

¿Cómo estamos, señora?

Ayy, doctor, ¡qué mala estoy!

¿Qué le pasa?

Pues, no sé, me duele todo el cuerpo.

Vamos a ver. ¿Qué es lo que le duele?

Cada mañana me levanto con mareos, no tengo apetito en todo el día, la comida me produce vómitos y cuando salgo de casa me canso en

Vamos a ver. Das kleine Sätzchen ist Schmieröl für die Konversation. **Wir werden sehen** könnte es wörtlich lauten. Beckenbauer übersetzt es besser: **Schaun' mer mal!**

seguida. Para colmo - esta pierna, no puedo moverla.
Ahh, eso es grave. Pero no se preocupe, no se va a morir. Vamos a tomarle la tensión. A ver el brazo …

Ayy, el tabaco

Khe … khee. khee … Doctor, ya no sé que hacer. Estoy muy resfriado, no puedo respirar y esta tos, … khee … khee, no se me quita.
Vamos a ver. ¿Cuántos paquetes fuma al día?
Muy poco, cinco o seis cigarillos …
Eso lo dicen todos, pero luego se fuman dos cartones por semana. Si de verdad quiere mejorar, tiene que dejar el tabaco. De todos modos – voy a recetarle unas pastillas contra la tos.
Uyyy …, las pastillas no me van nada bien para el estómago.
Entonces un jarabe …

Dar de baja – hier heißt es **krank schreiben**, sonst bedeutet es **abmelden** und gilt für das Auto oder für eine Versicherung. **Bajo/a** heißt tief, das Gegenteil ist **alto/a** – hoch. Entsprechend heißt anmelden: **dar de alta**. Das Phänomen, wenn einer immer **dado de baja** ist, heißt **absentismo** und ist nicht besonders beliebt bei den Arbeitgebern.

Uno que no quiere trabajar

He tenido toda la noche cuarenta de fiebre.
Vamos a ver … ahora no tiene ninguna.
No sé que me pasa, pero así no puedo ir a trabajar. No soporto la comida y encima no he dormido nada. ¿No puede ser una infección de vientre?
Tan mal aspecto no tiene. Tiene que tomar manzanilla y hacer una dieta.
Pues, yo así no puedo ir al trabajo.
Lo siento. Esto no es nada grave. Con estos síntomas no le puedo dar de baja. Usted no está enfermo …

¿El pie roto?

Ayy, doctor, ¡no aguanto más!

Vamos a ver. ¿Qué le ha pasado, señora?

Esta mañana – al salir de compras – me he caído por las escaleras. Al principio no he sentido nada. Pero luego, en casa, otra vez han empezado estos dolores.

¿Dónde le duele?

Aquí en las costillas, en la espalda y este pie también.

Mmm, el pie está un poquito hinchado, pero no está roto. ¿Le duele aquí?

¡Ayy, sí, ahí!

Bueno, vamos a hacer una radiografía. Y si veo que hay algo roto la tengo que mandar al hospital.

Ayy – dieser Urlaut des Schmerzes heißt auf deutsch natürlich **au**. **Achiisss** [atschiss] niest der Spanier, und lachen tut er mit mehr Reibelaut: **ja-ja-ja** [cha-cha-cha].

Centro de Belleza

Entre mujeres

No me siento nada bien. Concha, no sé que me pasa.

Han abierto un gimnasio nuevo. ¿No has estado?

Todavía no.

¿Qué te parece si vamos juntas? A ti también te hace falta algo de ejercicio.

¿Qué clase de sitio es?

Es un centro con todo. Tiene sauna, solario, piscina, bar y todo tipo de máquinas. Te digo María que es una maravilla.

No sé, estoy un poquito gorda y me da vergüenza.

Daß keiner auf die Idee kommt, **gimnasio** sei eine Art **Gymnasium**. Es dient ausschließlich der körperlichen Ertüchtigung.

perder kilos – Kilo verlieren, das klingt, als würden sie beim Fahrradfahren vom Gepäckträger fallen. Gemeint ist abnehmen, und dahinter steckt natürlich mehr als eine gemütliche Radtour.

Por eso vamos, para adelgazar. Mi amiga Teresa ha hecho un curso de dos meses y ya ha perdido cuatro kilos.

¡Qué más quisiera yo!

Problemas de línea

Mi médico me ha dicho que tengo la tensión muy alta porque estoy muy gorda.

Pues yo me tomo unas pastillas que me quitan el hambre y ya he adelgazado.

Ah, yo no. A mí lo de las pastillas nunca me ha ido bien.

Entonces, ¿por qué no dejas de comer tanto?

Criticando

¿Has visto a Manuela, qué gorda está?

Hombre, ha tenido un niño hace tres semanas.

Ah, eso es otra cosa.

Criticar ist eine vornehme Umschreibung für «sich das Maul zerreißen».

Teoría de la belleza

¿Concha, has traído mi libro de aerobic?

Sí, pero lo he dejado en el coche. Ahora te lo traigo.

No importa, hay tiempo.

No, no, ahora te lo devuelvo.

Consejos

Si quieres adelgazar tienes que hacer deporte cada día.

Lo sé, pero no sé qué hacer. No me gusta ni el tenis, ni el esquí, ni la natación ni el footing. Lo único que me llama la atención son los pasteles.

En la recepción

He pedido hora para un masaje.

Todavía no ha llegado el masajista.

Entonces, ¿qué hago? A las cinco me tengo que ir.

¿No puede esperar un cuarto de hora?

Todo tiene su precio

¿Usted ha pagado la matrícula ya?

No, no la he pagado todavía, ¿cuánto debo?

Son dos mil cuatrocientas.

¿Puedo pagar con un cheque?

Mit dem Scheck wird kaum noch bezahlt, dafür immer mehr mit **tarjeta de crédito** – der Kreditkarte: Benzin, die Autobahn, im Restaurant, im Geschäft, im Supermarkt, in der Buchhandlung und im **gimnasio**.

En la salida

Esto es el paraíso. Ha sido estupendo. Te dan masajes relajantes, te ponen morena, te depilan, te limpian la piel, te pintan las uñas ...

A mí me duele todo el cuerpo. Además no lo aguanto.

¿El qué, a qué te refieres?

A todas esas tonterías que dicen ...

¡APRENDE!

Enfermedad y salud

Krankheit und Gesundheit

En un centro de salud

In einem Tageskrankenhaus

Me duele todo

Alles tut mir weh

¿cómo estamos ?
wie geht es uns? (Chefarztjargon)
doctor
Herr Doktor
¡qué mala estoy!
wie schlecht es mir geht!
¿qué le pasa?
was haben Sie (passiert Ihnen)?
me duele todo
alles tut mir weh
el cuerpo
der Körper
vamos a ver
mal sehen
cada mañana
jeden Morgen
me levanto
ich stehe auf
los mareos
die Übelkeit
en todo el día
den ganzen Tag über
producir
verursachen, produzieren
los vómitos
Brechreiz
cuando
wenn, dann wenn
salir
rausgehen
cansarse
müde werden
para colmo
obendrein, und noch dazu
mover
bewegen
la pierna
das Bein
grave
schwer, schlimm
no se preocupe
machen Sie sich keine Sorgen
no se va a morir
Sie werden nicht sterben
tomar la tensión
den Blutdruck messen (nehmen)
el brazo
der Arm

Ayy, el tabaco

Auu, der Tabak

resfriado/a
erkältet
respirar
atmen
la tos
der Husten
no se me quita
krieg ich nicht los
los cigarrillos
die Zigaretten
eso lo dicen todos
das sagen alle
el cartón
die Stange (der Karton)
de verdad
wirklich
mejorar
sich bessern, besser werden
dejar
lassen
de todos modos
auf alle Fälle, unbedingt
recetar
verschreiben
contra
gegen
me va bien
bekommt mir gut

el estómago
der Magen
un jarabe
ein Hustensaft

Uno que no quiere trabajar
Einer, der nicht arbeiten will

la fiebre
das Fieber
soportar
ertragen
encima
obendrauf
dormido
geschlafen
una infección
eine Entzündung
el vientre
der Bauch
el aspecto
das Aussehen
la manzanilla
der Kamillentee
hacer una dieta
eine Diät machen
los síntomas
die Symptome
dar de baja
krank schreiben
enfermo/a
krank

El pie roto
Der gebrochene Fuß

¡no aguanto más!
ich halt's nicht mehr aus
al salir de compras
beim (Weg)gehen zum Einkaufen
me he caído por las escaleras
ich bin die Treppe runtergefallen
al principio
am Anfang
sentir
fühlen
sentido
gefühlt
los dolores
die Schmerzen
las costillas
die Rippen
la espalda
der Rücken
el pie
der Fuß
hinchado/a
geschwollen
roto/a
gebrochen
una radiografía
eine Röntgenaufnahme
si veo que hay algo roto
wenn ich sehe, daß etwas gebrochen ist
la (Akk.)
Sie
el hospital
das Krankenhaus

Centro de belleza
Schönheitssalon

Entre mujeres
Unter Frauen

un gimnasio
ein Fitness-Center
¿qué te parece si ...?
was hältst du davon, wenn wir ...?
junto
zusammen
a tí también te hace falta
auch du brauchst
algo de ejercicio
ein bißchen Training (Übung)
¿qué clase de sitio es?
was ist das für ein Laden (Platz)?
la sauna
Sauna
la piscina
das Schwimmbad
todo tipo de
alle Art von ...
las máquinas
die Maschinen
te digo
ich sage dir

una maravilla
ein Wunder, etwas Wunderschönes
gordo/a
dick
la vergüenza
Schande, Scham
me da vergüenza
ich schäme mich
por eso
deswegen
adelgazar
abnehmen
hecho (von hacer)
gemacht
el curso
Kurs
perder
verlieren, abnehmen
¡qué más quisiera yo!
nichts wollte ich lieber!
nichts lieber als das

Problemas de línea
Figurprobleme

la línea
Linie, Figur
la tensión
der (Blut)druck
alto/a
hoch
quitar
wegnehmen
lo de las pastillas
das mit den Tabletten
nunca
niemals
me ha ido bien
ist mir gut bekommen
¡deja de comer tanto!
hör auf, so viel zu essen

Criticando
(über andere) nörgeln

ha tenido un niño/una niña
hat ein Kind bekommen
hace tres semanas
vor drei Wochen
eso es otra cosa
das ist was anderes

Teoría de la belleza
Theorie der Schönheit

el libro
das Buch
luego te lo doy
später geb ich dir's
devolver
zurückgeben

Consejos
Ratschläge

el deporte
der Sport
cada día
jeden Tag
el tenis
das Tennis
el esquí
das Skifahren
la natación
das Schwimmen
el footing
das Joggen
lo único que me llama la atención
das einzige, was mich interessiert
los pasteles
die süßen Backwaren

En la recepción
Am Empfang

pedir hora
einen Termin machen
un masaje
eine Massage
el masajista
ein Masseur
un cuarto de hora
eine Viertelstunde

Todo tiene su precio
Alles hat seinen Preis

la matrícula
die Einschreibgebühr
no la he pagado todavía
ich habe sie noch nicht bezahlt
deber
schulden, müssen
¿cuánto debo?
wieviel schulde ich?
un cheque
ein Scheck

En la salida
Beim Rausgehen

el paraíso
das Paradies
ha sido
ist gewesen
estupendo/a
toll, wunderbar
relajante
relaxing
te dan masajes
du kriegst Massagen
te ponen morena
du wirst gebräunt
te depilan
du wirst enthaart
te limpian la piel
du kriegst die Haut gesäubert
te pintan las uñas
du kriegst die Nägel lackiert
¿a qué te refieres?
was meinst du?
¿el qué?
was?
las tonterías
dummes Gerede

¡Escucha! 5

	sí	no
En un centro de salud		
me duele todo: La señora se levanta con mareos.	☐	☐
ayy, el tabaco: El médico le receta un jarabe.	☐	☐
uno que no quiere trabajar: El médico dice que no tiene nada grave.	☐	☐
¿el pie roto?: El pie roto no duele.	☐	☐
Centro de Belleza		
entre mujeres: El gimnasio tiene máquinas, sauna, piscina y bar.	☐	☐
problemas de línea: Está gorda porque come mucho.	☐	☐
criticando: Manuela no tiene niños.	☐	☐
teoría de la belleza: El libro está en casa.	☐	☐
consejos: Los pasteles son buenos para adelgazar.	☐	☐
en la recepción: El masajista llega tarde.	☐	☐
todo tiene su precio: La matrícula vale 2.800 pesetas.	☐	☐
en la salida: En el gimnasio dicen muchas tonterías	☐	☐

TEORÍA

Los verbos reflexivos
Die reflexiven Verben

Levantarse aufstehen:

me levanto	ich stehe auf
te levantas	du stehst auf
se levanta	er/sie steht auf/Sie stehen auf
nos levantamos	wir stehen auf
os levantáis	ihr steht auf
se levantan	sie stehen auf/Sie stehen auf

Einige Verben ändern ihre Bedeutung, wenn sie reflexiv gebraucht werden:

abrir	öffnen	**abrirse**	aufgehen/abhauen
cansar	ermüden	**cansarse**	müde werden
encontrar	finden	**encontrarse**	sich treffen/sich befinden
ir	gehen/fahren	**irse**	weggehen/aufbrechen
levantar	erheben	**levantarse**	aufstehen
llamar	rufen	**llamarse**	heißen
morir	sterben	**morirse**	umkommen
sentir	(mit)fühlen	**sentirse**	sich fühlen

In der **Umgangssprache** werden viele Verben oft reflexiv gebraucht:

Me como un bocadillo. Ich esse ein belegtes Brot.
¿Quieres fumarte un cigarillo? Willst du eine Zigarette rauchen?

PRÁCTICA

1. Murmeln Sie vor sich hin

Llamarse (*me llamo, te llamas, se …*)
sentirse mal …
irse …
cansarse …
no encontrarse bien …
cambiarse (sich umziehen) …

2. Reflexiv oder normal?

1. Hoy no ……me siento……… muy bien. (sentir)
2. Oye, ¡yo no ……………… el coñac! (encontrar)
3. El coñac ……………… en la cocina. (encontrar)
4. Este film nos ……………………………… (cansar)
5. Señora, ¿cómo ………………… usted? (llamar)
6. Ya no tengo tiempo. …………………… (yo, ir)
7. Señora, ¿por qué no me ……… usted? (llamar)
8. Esta noche nosotros ……………… al teatro. (ir)
9. ¿Ha muerto tu madre? Lo ……………… . (sentir)
10. El padre ……………………… al niño. (llamar)

3. *Preguntas sobre el texto*
Fragen zum Text

1. ¿El doctor del tema, es un médico típico? **2.** ¿Qué síntomas tiene el muchacho (Junge) que no quiere trabajar? **3.** ¿Qué piensa el médico, le da de baja? **4.** ¿Qué le ha pasado a la señora del pie hinchado? **5.** ¿Dónde le duele? **6.** ¿Qué puede hacer una mujer gorda para adelgazar? **7.** ¿Y un hombre gordo? **8.** ¿Son buenos los pasteles para adelgazar?

TEORÍA

Todo o nada
Alles oder nichts

Todo alleinstehend bedeutet **alles, es ist unveränderlich, bezieht sich auf ein Ganzes.**

Todo tiene su precio. Alles hat seinen Preis.
Un centro con todo. Ein Zentrum mit allem.

Mit Artikel und Substantiv heißt **todo** im Singular: **der/die ganze ...**, im Plural: **alle, jede**

Todo el día den ganzen Tag
Toda la noche die ganze Nacht
Todos los días alle Tage, jeden Tag
Todas las noches alle Nächte, jede Nacht

Nada bedeutet nichts.

No digo nada. Ich sage nichts.
Estoy bien, no me falta nada. Mir geht's gut, es fehlt mir nichts.

Cada jede/r ist unveränderlich und steht nur im Singular.

Cada día jeden Tag
Cada noche jede Nacht

Unregelmäßige Partizipien

Keine Angst, es sind nicht viele. **Muerto** und **visto** sind schon bekannt. Die wichtigsten anderen:

Abrir	**abierto**	Morir	**muerto**
Decir	**dicho**	Poner	**puesto**
Escribir	**escrito**	Ser	**sido**
Hacer	**hecho**	Ver	**visto**

PRÁCTICA

4. *Pon las formas de todo, cada o nada (y el artículo, si es necesario)*
Setze die Formen von *todo, cada* oder *nada* (und den Artikel, falls nötig) ein

1. José está enfermo. No ha dormido en ....toda la........ noche.

2. Duermo muy mal. .... noche me levanto porque no puedo dormir.

3. ¡Qué vida! .... días la misma oficina.

4. Muchas gracias, no tengo hambre, no quiero ....

5. Yo no he dicho ....

6. El machista (:Macho) dice: «Me gustan .... mujeres.»

7. .... no es tan fácil como parece.

8. .... cigarrillo es malo para la salud.

9. No hay .... para comer en casa.

10. ¿Qué? ¿Te has bebido .... botella de güisqui?

11. .... mañana me levanto a las siete.

12. Para mí .... viaje es interesante.

5. *Aquí faltan los participios*

1. Ha .... un día estupendo.

2. El médico me ha .... que no estoy enfermo.

3. ¿Quién te ha .... esta carta? (Brief)

4. ¿Has .....visto........... a Joaquín esta mañana?

5. María ha .... la mesa.

6. En el accidente (Unfall) han .... seis personas.

7. Hoy El Corte Inglés no está ....

8. Hemos .... un viaje fantástico.

(**Los verbos**: abrir, decir, escribir, hacer, hacer, morir, poner, ver)

Hier gibt es keine Tricks, hier müssen Sie pauken. Die unregelmäßigen Partizipien braucht man einfach, und in der Regel hat man im Gespräch nicht die Zeit, um zu sagen: **Un momento por favor, voy a mirar el participio del verbo poner** – Einen Moment bitte, ich werd mal das Partizip von poner nachschlagen.

TEORÍA

Los verbos irregulares
Die unregelmäßigen Verben

caer(se) fallen	**decir** sagen	**pedir** bitten
c**aigo**	d**i**go	p**i**do
caes	d**i**ces	p**i**des
cae	d**i**ce	p**i**de
caemos	decimos	pedimos
caéis	decís	pedís
caen	d**i**cen	p**i**den
Participio pasado: **caído**	Participio pasado: **dicho**	Participio pasado: **pedido**

perder verlieren	**sentir** fühlen	**mover** bewegen
p**ie**rdo	s**ie**nto	m**ue**vo
p**ie**rdes	s**ie**ntes	m**ue**ves
p**ie**rde	s**ie**nte	m**ue**ve
perdemos	sentimos	movemos
perdéis	sentís	movéis
p**ie**rden	s**ie**nten	m**ue**ven
Participio pasado: **perdido**	Participio pasado: **sentido**	Participio pasado: **movido**

6. *Preguntas para discutir con tus compañeros*

1. ¿Te gustan los centros de belleza?
2. ¿Son buenas las pastillas para adelgazar?
3. ¿Haces deporte?
4. ¿Te gustan los pasteles?

7. *Relaciona*
Bring zusammen

1	Esta tos no se me quita.	**a**	¿Qué te pasa?
2	Estoy muy gordo.	**b**	¿Has estado ya?
3	Me tengo que ir.	**c**	¿Cuántos cigarrillos fuma al día?
4	Todo eso, no lo aguanto.	**d**	¿Puedo pagar con un cheque?
5	Ayy, ¡qué malo estoy!	**e**	¿No puede esperar un poco?
6	Me hace falta mi libro de cocina.	**f**	Mañana te lo traigo.
7	Han abierto un nuevo gimnasio.	**g**	¿A qué te refieres?
8	Son dos mil pesetas.	**h**	Entonces deja de comer tanto.

8. Setzen Sie die richtige Form des Verbes ein

1. ¿Cómo .... usted hoy? (sentirse)

2. Juanita ya no come .... tres kilos por semana. (perder)

3. Vale, vale, nosotros no .... nada más. (decir)

4. Ayy que .... (caerse, yo)

5. Pablo no quiere trabajar. Llama al médico y .... hora. (pedir)

6. ¡Si vosotras no ...., no vais a adelgazar! (moverse)

TEORÍA

El infinitivo
Der Infinitiv

Er steht in den unterschiedlichsten Konstruktionen:

1. Mit einem anderen Verb

¿Puedo llamar, por favor? Kann ich bitte telefonieren?
Queremos pedir una paella para cuatro. Wir möchten eine Paella für vier (Personen).
Tengo que trabajar mucho. Ich muß viel arbeiten.
No sé qué decir/hacer. Ich weiß nicht, was ich sagen/tun soll.
Vamos a tomar una cerveza. Gehen wir ein Bier trinken.

2. Alleine, ohne anderes Verb

al salir de la casa beim Aus-dem-Haus-Gehen
para adelgazar um abzunehmen
sin trabajar ohne zu arbeiten
¡a trabajar! an die Arbeit
¡a comer! essen kommen!

El acusativo de la tercera persona
Der Akkusativ der dritten Person

Señora, **la** tengo que mandar al hospital.
¿El libro? **Lo** he dejado en el coche.
¿Las pastillas? No **las** encuentro.
Aquí traigo unos pasteles muy buenos. **Los** compro siempre en el Café Viena.

Vorschlag und Befehl

Wer nicht herumkommandieren möchte wie auf dem Kasernenhof, der schlägt freundlich vor, was zu tun ist. Und je nach Ton gibt man mehr oder weniger sanften Druck dazu.

¿Qué te parece, si tomamos una paella para tres? Was hältst du davon, wenn wir eine Paella für drei nehmen?
¿No podemos tomar una paella para tres? Können wir nicht eine Paella für drei nehmen?
¿Por qué no tomamos una paella para tres? Warum nehmen wir nicht eine Paella für drei?
¡Vamos a tomar una paella para tres! Nehmen wir (doch) eine Paella für drei!

9. *Contesta con un pronombre*
Antworte mit einem Pronomen

1. ¿Dónde está el vino? .....Lo... he metido en el frigorífico. **2.** ¿Has visto mis pantalones? No, no .... he visto. **3.** ¿le hace falta el coche? No gracias, no .... necesito. **4.** ¿Sabes dónde están mis pastillas? .... he visto en el baño. **5.** ¿Me dejas tu vestido nuevo? No, lo siento, está noche .... necesito. **6.** ¿Dónde he metido los discos de Serrat? Ni idea, no .... he visto. **7.** ¿Te hace falta un café? ¿..................... hago yo? (= soll ich ihn machen) **8.** ¿Has traído las galletas? No, ... he dejado en la cocina.

10. Vorschläge formulieren

1. ins Restaurant gehen (wir)
2. Champagner kaufen (wir)
3. eine Diät machen (du)
4. Vier Kilo abnehmen (du)
5. zum Arzt gehen (du)
6. mit einem Scheck bezahlen (Sie)
7. ins Schwimmbad gehen (wir)
8. morgen ins Theater gehen (wir)
9. ins Auto einsteigen (Sie)
10. ein Bier trinken (du)
11. sich keine Sorgen machen (Sie)
12. aufhören zu rauchen (du)
13. einen Seehecht auf baskische Art essen (wir)

TEORÍA

Algunos imperativos
Einige Befehlsformen

Tú:

¡come! iß! **¡cállate!** sei ruhig! **¡déjame!** laß mich! **¡súbete!** steig ein! **¡mira!** schau! **¡espérame!** warte auf mich! **¡trae!** bring! **¡perdona!** entschuldige!

Usted:

¡oiga! hören Sie! **¡diga!** sagen Sie! **¡hable!** sagen Sie! **¡perdone!** entschuldigen Sie!

Bei **regelmäßigen Verben** funktioniert der Imperativ so:

Bei Verben auf -**ar**:

tú	mir**a**
	habl**a**
usted	mire
	hable

Bei Verben auf -**er**:

tú	come
usted	com**a**

Bei Verben auf -**ir**:

tú	sube
usted	sub**a**

3. Person	**Einzahl**
indicativo	imperativo
1. escuch**a**	¡escuch**e**!
2. come	¡com**a**!
discut**e**	¡discut**a**!
1. a → e	**2. e → a**

¡Ojo!

¡Qué malo estoy! Wie schlecht es mir geht!
Las pastillas no me van nada bien. Die Tabletten bekommen mir nicht.
No sé que me pasa. Ich weiß nicht,was mit mir los ist.
Me he caído por las escaleras. Ich bin die Treppe runtergefallen.
No me siento nada bien. Ich fühle mich überhaupt nicht wohl.
Me da vergüenza. Ich schäme mich.
¡Qué más quisiera yo! Was wollte ich mehr!
Lo único que me llama la atención es/son ... Das einzige, was mich reizt, ist/sind ...
¿A qué te refieres? Was (genau) meinst du?
Tengo que decirte una cosa. Ich muß dir was sagen.

11. Zu zweit
Dialoge schreiben und sprechen

1.
A geht es schlecht, hat alle möglichen Wehwehchen.
B hört geduldig zu, gibt Ratschläge.
2.
A geht ins Fitness-Center. **B** will nicht mit, ist zu dick.

12. *Traducción*
Übersetzung

1. Ich bin die Treppe runtergefallen. **2.** Das Bein tut mir weh. **3.** Ich mache einen Termin beim (al) Arzt. **4.** Der Arzt sagt mir: Es ist nichts Schlimmes. **5.** Manuela geht in ein Fitness-Center. **6.** Jeden Tag nimmt sie ein Kilo ab. **7.** Sie bewegt sich viel. **8.** Jetzt fühlt sie sich besser.

13. Hier fehlen die Befehlswörter

1. ¡ .... me en paz! (dejar)

2. ¡ .... un Ferrari descapotable! (mirar)

3. .... me un vaso de la cocina! (traer)

4. ¡ .... me en el bar del teatro! (esperar)

5. ¡ .... me mañana por la mañana! (llamar)

6. ¡ .... , que no me dejas escuchar la radio! (callarse)

7. ¡ ....las escaleras! (subir)

8. ¡ .... leche, no queda! (comprar)

¡Achtung, Akzente!
Wenn an die Befehlswörter ein Pronomen (**me, te**) angehängt wird, dann verschiebt sich die Betonung nach vorne. Damit die richtige Silbe (der Verbstamm) weiterhin betont bleibt, muß ein Akzent gesetzt werden.

LECTURA

UNO QUE DE VERDAD NO QUIERE TRABAJAR

Esta mañana Agustín Pícaro Remolón ha estado en el médico[1]. Ha tenido fiebre, no ha dormido en toda la noche, no ha comido nada, ha tenido mareos y vómitos, le ha dolido todo el cuerpo. Pero nada. El médico es muy duro. Con todos esos síntomas no le ha dado de baja. Ahora Agustín vuelve a casa.

«María, ¿qué hago?», pregunta a su amiga, «el médico me manda al trabajo.» Claro, Agustín no tiene ganas de ir a trabajar. Está harto de ver todos

los días a la misma gente y la misma oficina. El jefe es un idiota. Y los colegas trabajan tanto. «¿Qué hago, María?» – «Tienes que llamar a la oficina y decir que estás enfermo.» Agustín coge el teléfono para llamar a la secretaria: «Manolita, no me encuentro muy bien, ¿sabes?, hoy me voy a quedar en casa.»

Ahora Agustín se encuentra bien. Un día sin trabajo es una maravilla. Invita a María a tomar café y pasteles en una buena cafetería[2]. Después van a la piscina. Es el paraíso: hace un día estupendo, hace mucho calor, el agua está caliente[3] …

«Mira Agustín, ¿no es ese Carlos el que trabaja en tu oficina?» – «Uyyy, ¡vámonos en seguida!» Se preparan para volver a casa. En la puerta de la piscina alguien le llama : «Agustín, Agustín, ¿usted no está en la cama?» Es el jefe que llega con Manolita. «Hhm, hhm, buenas tardes, jefe, ahora voy al hospital. Ayy, que me duele todo el cuerpo.» – «Venga ya, no quiere trabajar, ¿verdad?» Agustín piensa: «¿qué hago, qué hago?» y le dice al jefe: «Bueno, yo estoy enfermo y usted no ha ido a la piscina con Manolita, ¿vale?»

[1] **estar en el médico** beim Arzt sein
[2] **la cafetería** Café/Cafeteria
[3] **caliente** warm/heiß

¿Sí o no?	sí	no
1. Agustín Pícaro Remolón es médico.	■	■
2. Ha desayunado a las ocho.	■	■
3. Le gusta mucho el trabajo a Agustín.	■	■
4. Llama por teléfono a Manolita.	■	■
5. María y Agustín van a la piscina.	■	■
6. Agustín no ve a su jefe.	■	■

TEMA 6

VIVIR CADA DÍA

Queridos oyentes. Aquí estamos nuevamente con nuestro espacio "Vivir cada día". Como siempre tenemos con nosotros a un invitado. Y como siempre le voy a hacer veinte preguntas.

Una. Antonio de la Fuente, ¿a qué hora te has levantado, que tienes tan mala cara?
Hombre, entro a las ocho y para llegar a tiempo me tengo que levantar a las seis y cuarto. Pero sí que me hacen falta algunos días de vacaciones para descansar.

Dos. ¿Te duchas por la mañana?
Si no me ducho no me despierto.

Tres. ¿Qué desayunas normalmente?
Un café en casa antes de salir y unas galletas, nada más.

Cuatro. ¿Cómo vas al trabajo?
Eso es lo malo. De mi casa a la oficina hay por lo menos tres cuartos de hora. No tengo más remedio, tengo que ir en metro.

Cinco. ¿Por qué no vas en coche?
Porque para eso me tengo que levantar media hora antes. Además con lo cara que es la gasolina.

Seis. ¿Tienes algún descanso antes del almuerzo?
Sí, a media mañana vamos a tomar algo al bar de la esquina.

Siete. ¿Te gusta la comida de los bares?
No la puedo ver. Pero lo agradable es estar con los compañeros.

Ocho. ¿Echas la siesta por la tarde?
Es difícil. No le gusta a mi jefe. Pero normalmente me siento en mi mesa de trabajo y allí consigo descansar un rato.

Nueve. ¿A qué hora terminas de trabajar?
Antes de las siete y media no salgo.

Diez. ¿Vuelves a casa en seguida?
No, no voy directamente. Suelo tomar una cerveza antes de coger el metro.

Once. ¿Estás casado?
Sí.

Doce. ¿Qué hace tu mujer?
Yo que sé. No la veo en todo el día.

Trece. ¿Tienes hijos?
Hasta ahora no.

Catorce. ¿Friegas en casa?
¡Como no! Los domingos le ayudo a mi mujer a hacer la comida.

Quince. ¿Salís mucho por la noche?
No salimos mucho. Una vez por semana vamos a tomar una copa por ahí. Una vez al mes vamos al cine o al teatro.

Dieciséis. ¿Qué clase de películas te gustan?
Soy muy aficionado al oeste. Pero me gustan también las películas de ciencia ficción.

Diecisiete. ¿Veis la televisión?
Acabamos de comprar un vídeo. A veces vienen mi cuñado y mi cuñada o unos amigos para charlar y para ver alguna película interesante.

Dieciocho. ¿Qué hacéis los domingos?
Cuando vienen mis suegros comemos juntos. Y después me voy a mi cuarto. Políticamente no nos entendemos muy bien. El es franquista de toda la vida.

Diecinueve. ¿Adónde os vais de vacaciones?
Para esto el presupuesto no alcanza, es demasiado caro. Hasta el año 2002 tenemos que pagar el crédito del chalet adosado que hemos comprado.

Veinte. ¿Estás contento con la vida que llevas?
Hombre, no me puedo quejar. Tampoco la puedo cambiar.

Im Spanischen Bürgerkrieg 1936–39 wurde das Land geteilt, quer durch die Familien. Die einen waren fortschrittliche Republikaner, die anderen rückschrittliche Franquisten. Nicht wenige Familien sind daran zugrunde gegangen. Seitdem hat sich einiges geändert, aber immer wenn es kracht in der Beziehungskiste, dann kommt garantiert die politische Gesinnung der Verwandtschaft aufs Tapet.

¡APRENDE!

Vivir cada día

Täglich leben

cada día
jeden Tag
queridos oyentes
liebe Hörer
nuevamente
wieder
el espacio
das Programm
como siempre
wie immer
un invitado
ein Gast
hacer preguntas
Fragen stellen

Una

Eins

levantado
aufgestanden
tienes tan mala cara
du siehst so schlecht aus
entrar
eintreten, anfangen zu arbeiten
a tiempo
rechtzeitig
a las seis y cuarto
um Viertel nach sechs
unos días
einige Tage
descansar
ausruhen

Dos

Zwei

ducharse
sich duschen
despierto (despertarse)
aufgewacht (aufwachen)

Tres

Drei

normalmente
normalerweise
por lo menos
wenigstens
tres cuartos
drei Viertel
antes de salir
vor dem Aus-dem-Haus-Gehen
las galletas
die Kekse

Cuatro

Vier

eso es lo malo
das ist das Schlechte
de … a …
von … bis …
nada más
sonst nichts
no tengo más remedio
ich habe keine andere Wahl
ir en metro
mit der U-Bahn fahren

Cinco

Fünf

para eso
dafür
media hora antes
eine halbe Stunde vorher
además
außerdem
con lo cara que es la gasolina
bei den Benzinpreisen!

Seis

Sechs

el descanso
die Ruhepause
demasiado
zuviel

el almuerzo
das Mittagessen
a media mañana
am späten Vormittag
el bar de la esquina
die Kneipe um die Ecke

Siete
Sieben

no la puedo ver
die kann ich nicht (mehr) sehen
lo agradable
das Angenehme
los compañeros
die Freunde

Ocho
Acht

echar la siesta
ein Mittagsschläfchen halten
sentarse
sich setzen
difícil
schwierig
me siento
ich fühle mich
consigo (conseguir)
es gelingt mir/ ich schaffe es zu
un rato
eine Weile

Nueve
Neun

terminar de
aufhören zu

Diez
Zehn

(vuelves) volver
zurückkommen
directamente
direkt
(suelo) soler
pflegen zu ...

Once
Elf

casado/a
verheiratet

Doce
Zwölf

la mujer
die Frau
yo que sé
was weiß ich

Trece
Dreizehn

el hijo/la hija
der Sohn, die Tochter
hasta ahora
bis jetzt

Catorce
Vierzehn

fregar
spülen
¡como no!
wieso nicht?
ayudar
helfen

Quince
Fünfzehn

por la noche
nachts
por semana
pro Woche
tomar una copa por ahí
einen trinken gehen
el/al mes
der/im Monat
el cine
das Kino
el teatro
das Theater

Dieciséis
Sechzehn

¿qué clase de película te gusta?
welche Art Filme gefällt dir?
aficionado/a
Fan, Liebhaber
el oeste
der Westen, Western
la ciencia ficción
Science-fiction

Diecisiete
Siebzehn

ver la televisión
fernsehen
acabamos de comprar
wir haben gerade gekauft
un vídeo
ein Video
a veces
manchmal
el cuñado
der Schwager
la cuñada
die Schwägerin
charlar
reden, quatschen, sich unterhalten
alguna película interesante
(irgend)ein interessanter Film

Dieciocho
Achtzehn

los suegros
die Schwiegereltern
el cuarto
das Zimmer
políticamente
politisch
un franquista de toda la vida
durch und durch Franquist (nach Franco, Diktator von 1936–1975)

Diecinueve
Neunzehn

os
euch
irse de vacaciones
in Urlaub fahren
el presupuesto
der Etat, der finanz. Haushalt

¡Escucha! 6

	sí	no
1. Antonio de la Fuente está invitado al programa de televisión.		
2. Necesita vacaciones.		
3. No desayuna nunca.		
4. Va en coche a su oficina.		
5. Le gusta estar con los compañeros.		
6. Termina de trabajar a las ocho.		
7. La mujer trabaja en el Corte Inglés.		
8. Antonio friega poco en casa.		
9. Salen mucho por la noche.		
10. Los sábados comen con sus suegros.		

alcanzar
(er)reichen
el año
das Jahr
el crédito
der Kredit
el chalet adosado
das Reihenhaus

Veinte
Zwanzig

contento/a
zufrieden
¿estás contento con la vida que llevas?
bist du zufrieden mit dem Leben, das du führst?

no me puedo quejar
ich kann mich nicht beklagen
tampoco
auch nicht

La siesta

Das Mittagsschläfchen. Das Wort kommt von den alten Römern und meint die sechste Stunde des Tages, die vorgesehen ist zum Ausruhen. Die meisten Spanier legen sich nach dem (späten) Mittagessen aufs Ohr. Das muß nicht immer im Bett sein, das Sofa tut es auch. Der Fernseher läuft dann natürlich, aber nur als Hintergrund für das Nickerchen. Manch einer behauptet, daß er garantiert aufwacht, wenn jemand kommt und den Fernseher vorsichtig ausschaltet.

Tampoco & Co.

Den ausgestreckten Zeigefinger der rechten Hand auf die eigene Brust halten, dann die Hand nach vorne drehen und den gehobene Zeigefinger pendeln lassen: die Geste für ***yo no*** *– ich nicht, mit mir nicht – oder* ***yo tampoco*** *– ich auch nicht. Die Spanier haben eine ausdrucksstarke Gestensprache. Drei Beispiele seien erwähnt: Die flache Hand (nach unten) vorgestreckt und leicht auf- und niederbewegt, bedeutet:* ***¡ven!*** *– komm her. Mit der flachen Hand mehrmals an die Wange klopfen, bedeutet:* ***¡qué cara tiene!*** *– was für ein Frechdachs! Der ausgestreckte Zeigefinger unter dem Auge:* ***¡ojo!*** *– sei wachsam, sonst wirst du reingelegt.*

TEORÍA

El tiempo
Uhrzeit

10:00
Son las diez

22:00
Son las veintidós
Son las diez de la noche

11:00
Son las once

23:00
Son las veintitrés
Son las once de la noche

12:00
Son las doce

0:00
Son las doce
Son las doce de la noche
Es medianoche

1:00
Es la una

13:00
Son las trece
Es la una de la tarde

2:00
Son las dos

14:00
Son las catorce
Son las dos de la tarde

7:30
Son las siete y media

PRÁCTICA

1. *¿Qué hora es?*

1. son las catorce (14:00)
2. (15:05)
3. (20:10)
4. (10:20)
5. (11:55)
6. (12:15)
7. (04:45)
8. (19:30)
9. (03:53)
10. (04:07)
11. (06:08)
12. (19:52)
13. (23:15)
14. (22:37)

2. Fragen zum Text

1. ¿Dónde se encuentra Antonio de la Fuente?
2. ¿Qué hace ahí?
3. ¿Qué hace normalmente?, ¿en qué trabaja?
4. ¿A qué hora se levanta?
5. ¿Desayuna en un bar?
6. ¿Cómo llega a su oficina?
7. ¿Le gusta echar la siesta?
8. ¿Qué hace cuando sale del trabajo?
9. ¿Sale mucho con su mujer?
10. ¿Tiene buenas relaciones con su suegro?
11. ¿Tienen mucho dinero?
12. ¿Le gusta la vida que lleva?

TEORÍA

menos

15:55 3:55
Son las cuatro menos cinco

13:40 1:40
Son las dos menos veinte

21:32 9:32
Son las diez menos veintiocho

19:45 7:45
Son las ocho menos cuarto.

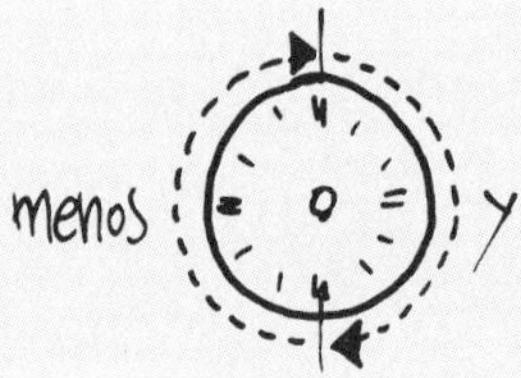

y

19:30 7:30
Son las siete y media

15:30 3:30
Son las tres y media

16:15 4:15
Son las cuatro y cuarto

14:20 2:20
Son las dos y veinte

21:28 9:28
Son las nueve y veintiocho

20:15 8:15
Son las ocho y cuarto

Wenn die Uhrzeit näher bezeichnet wird:

las doce en punto	Punkt 12 Uhr
por la mañana	morgens
por la tarde	nachmittags
por la noche	nachts
a media mañana	am späten Vormittag
media hora antes	eine halbe Stunde vorher
un cuarto de hora después	eine Viertelstunde danach
dentro de dos minutos	in zwei Minuten
antes de las cinco	vor 5 Uhr

3. *Y ahora vosotros*
Partnerinterview

1. ¿A qué hora te levantas?
2. ¿Te duchas por la mañana?
3. ¿En qué trabajas?
4. ¿Comes en casa a mediodía?
5. ¿Qué haces por la noche?
6. ¿Ves mucho la televisión?
7. ¿Te gusta el vídeo?
8. ¿Friegas en casa?
9. ¿Qué haces los domingos?
10. ¿Adónde vas de vacaciones? (Ferien)
11. ¿Estas contento con la vida que llevas?

4. *Traducir*
Übersetzen

1. Um neun Uhr abends stehe ich auf.
2. Nachts arbeite ich.
3. Um Punkt fünf Uhr nehme ich ein Taxi.
4. Ich komme um halb sechs morgens zu Hause an.
5. Rechtzeitig für das Abendessen.
6. Am späten Vormittag dusche ich mich.
7. Nachmittags sehe ich fern.
8. Einen Moment. Da stimmt was nicht (wörtlich: Es gibt etwas, das nicht funktioniert).

TEORÍA

El resto de la familia

1. La madre de mi marido es mi **suegra**.
2. El padre de mi mujer es mi **suegro**.
3. Los padres de mi mujer son mis **suegros**.
4. El hermano de mi mujer es mi **cuñado**.
5. La hermana de mi marido es mi **cuñada**.
6. El hijo de mi hijo es mi **nieto**.
7. La hija de mi hijo es mi **nieta**.
8. El hijo de mi hermano es mi **sobrino**.
9. La hija de mi hermano es mi **sobrina**.
10. El marido de mi hija es mi **yerno**.
11. La mujer de mi hijo es mi **nuera**.
12. La hija de mi tío es mi **prima**.

5. Schreiben Sie´s auf deutsch

1. Schwiegermutter
2. ....
3. ....
4. ....
5. ....
6. ....
7. ....
8. ....
9. ....
10. ....
11. ....
12. ....

Die Liste links ist natürlich nicht vollständig. Die Familie wandelt sich und mit ihr auch die Sprache. Was fehlt sind Begriffe wie:
divorciado/a – geschieden
separado/a – getrennt
pareja de hecho – Lebensgemeinschaft

6. *¿Quién es?*

1. El hijo del cuñado de mi madre es mi ....

2. El marido de mi nuera es mi ....

3. La mujer de mi cuñado es mi ....

4. La nieta del padre de mi madre es mi .... o soy ....

5. La prima de mi sobrino es mi ....

6. Los padres de mi sobrino son mis ....

7. Los padres de mi cuñado son mis ....

TEORÍA

Los adverbios
Die Adverbien

Wann, wo, wie etc. etwas ist oder passiert – das sagen die Adverbien.

1. **Nur** Adverbien sind:

hoy	heute
mañana	morgen
aquí	hier
bien	gut
siempre	immer
mucho	viel
despacio	langsam

2. Andere werden von Adjektiven abgeleitet. An die weibliche Form wird **-mente** angehängt:

rápido	→	**rápidamente**
democrático	→	**democráticamente**
caótico	→	**caóticamente**

3. Wenn die Adjektivendung weiblich = männlich ist, dann wird die Einheitsform genommen:

constante	→	constantemente
normal	→	normalmente
agradable	→	agradablemente

4. Zuweilen hilft nur ein ganzer Ausdruck:

por todas partes	überall
los domingos	sonntags
de todas maneras	auf alle Fälle

7. *Contesta negativamente*
Antworte verneinend

In der normalen Satzstellung mit **no** vor dem Verb

1. ¿Hay mucha gente en la fiesta?

No hay nadie.
....

2. No tengo dinero. (ich auch nicht)

....

3. ¿Queda algo para comer en el frigorífico?

....

4. ¿No hay un Hotel Europa por aquí?

....

5. ¿Quién ha venido?

....

6. No te quiero. (ich dich auch nicht)

....

7. Tienes tan mala cara, ¿qué te pasa?

....

8. ¿Hay una biblioteca en esta calle?

....

8. Unterstreichen Sie alle Adverbien aus dem Tema

TEORÍA

La negación
Verneinung

¿Estás contento con la vida que llevas?	Bist du zufrieden mit dem Leben, das du führst?
Hombre, no me puedo quejar. Tampoco la puedo cambiar.	Mann, ich kann mich nicht beklagen. Ich kann´s auch nicht ändern.

Achten Sie auf die zwei Möglichkeiten:

Tampoco la puedo cambiar.	No la puedo cambiar tampoco.
Nada he dicho.	No he dicho nada.
Nadie ha venido.	No ha venido nadie.
Ningún profesor viene los domingos.	No viene ningún profesor los domingos.

Die Verneinungspartikeln **nada**, **nadie**, **ningún** und **tampoco** stehen **vor dem Verb** am Satzanfang **ohne** «**no**». Stehen sie hinter dem Verb, so muß dieses vorher durch **no** verneint werden.

Manolo tampoco ha estado en Canada.	Manolo ist auch noch nicht in Kanada gewesen.
Yo tampoco voy.	Ich gehe/fahre auch nicht hin.

Hat der Satz ein Subjekt (Name, Personalpronomen ...), dann steht **tampoco** nach diesem.

9. *Contesta negativamente*
Antworte verneinend

Mit Verneinungspartikel vor dem Verb und ohne **no**

1. No voy a al cine. (tampoco)

yo tampoco voy.
....

2. ¿Quién ha visto la película? (nadie)

....

3. ¿Te gustan los políticos? (ninguno)

....

4. ¿Has comido ya? (nada)

....

5. Manolo no tiene dinero. (tampoco)

....

6. ¿Cuántos colegas han estado en la fiesta? (ninguno)

....

7. Quién te quiere? (nadie, *sniff*)

....

TEORÍA

Más infinitivos
Mehr Infinitive

Voy a comprar carne.	Ich gehe Fleisch kaufen.
La semana que viene no voy a trabajar.	Nächste Woche werde ich nicht arbeiten.

ir + a + Infinitiv
ist in die Zukunft gerichtet, oder bedeutet, daß etwas gleich geschieht.

Acabamos de comprar un vídeo.	Wir haben (gerade) ein Video gekauft.
Acabo de ducharme.	Ich habe mich (gerade) geduscht.
Gracias, no quiero café. Acabo de desayunar.	... Ich habe gerade gefrühstückt.

acabar + de + Infinitiv
drückt aus, daß etwas gerade passiert ist.

PRÁCTICA

10. Wie würden Sie ausdrücken, was Sie gerade getan haben oder gleich tun werden?

1. morgen ein bißchen Sport treiben

....

2. Herrn Gutierrez gesehen haben

....

3. gleich eine Zigarette rauchen

Voy a fumar un cigarrillo.

4. gerade ein Bier getrunken haben

....

5. gleich den Tisch decken

....

6. gerade aufgestanden sein

....

7. Julia gerade gesehen haben

....

8. gleich die Suppe bringen

....

9. gerade gehört haben, daß der Präsident gestorben ist.

....

10. Juan gleich anrufen

....

11. Pedro gerade angerufen haben

....

12. gleich in der Küche (nach)schauen

....

TEORÍA

Los verbos
Die Verben

e → ie

Sentarse sich setzen	**Despertarse** aufwachen	**Fregar** spülen
me **sie**nto	me desp**ie**rto	fr**ie**go
te **sie**ntas	te desp**ie**rtas	fr**ie**gas
se **sie**nta	se desp**ie**rta	fr**ie**ga
nos sentamos	nos despertamos	fregamos
os sentáis	os despertáis	fregáis
se **sie**ntan	se desp**ie**rtan	fr**ie**gan
Participio pasado: **sentado**	Participio pasado: **despertado** (wach & aufgeweckt)	Participio pasado: **fregado**

e → i

Conseguir erreichen

cons**i**go
cons**i**gues
cons**i**gue
conseguimos
conseguís
cons**i**guen

Participio pasado:
conseguido

¡Ojo!

Entro a las ocho. Ich fange um 8 Uhr an zu arbeiten.
Llegar a tiempo rechtzeitig ankommen
Con lo cara que está la gasolina bei dem teuren Benzin
Echar la siesta ein Mittagsschläfchen halten
Suelo tomar una cerveza ich pflege ein Bier zu trinken
Un franquista de toda la vida ein hundertprozentiger Franquist
¿Estás contento con la vida que llevas? bist du zufrieden mit dem Leben, das du führst?

11. ***Llamas a Carmen. Su madre dice que ...***
Du rufst bei Carmen an. Ihre Mutter sagt, daß ...

1. ... Carmen gerade aus dem Haus gegangen ist.

Carmen acaba de salir.

2. ... sie gerade aufgewacht ist. Jetzt duscht sie sich.

....

3. ... sie gerade zur Arbeit gegangen ist. Sie fängt um 9 Uhr 30 dort an.

....

4. ... sie jetzt gleich (ahora mismo) kommen wird.

....

5. ... sie dich anrufen wird.

....

12. Verteilen Sie diese Verben – in der passenden Form

despertarse – fregar – conseguir – sentarse

1. ... a las siete de la mañana. (yo)

2. Siempre ... lo que quieres. (tú)

3. ¿Por qué no ... los platos? (tú)

4. ... en el bar para hablar un rato. (nosotros)

5. José-Luis ... en el sofá.

6. Esta mañana ... a las cinco. (nosotros)

7. No ... terminar este trabajo. (yo)

8. Manuel ... después de la cena.

LECTURA

ISABEL NO SE PUEDE QUEJAR

La vida no es nada complicada. Por la mañana Isabel de la Cancha Real se levanta a las siete y media con su marido para tomar una tacita[1] de café. A las ocho menos cuarto José Joaquín se va a su fábrica[2] Es industrial[3]. Y ella, como tiene tan mala cara, vuelve nuevamente a la cama.

A las once la despierta la chica[4] con un café. A las once y media llama por teléfono al marido: «Tesoro, ¿qué quieres comer a medio día?» Después manda a la chica al mercado y le dice la comida que tiene que preparar. Ahora le toca[5] una ducha larga[6] y relajante. Cuando termina de ducharse tiene un problema muy gordo: «¿Qué ropa me pongo?» Llama a una amiga para pedirle consejo: «¿Me pongo el vestido azul o el rojo?»

Es hora de salir[7] de compras. A ver si encuentra algo para una amiga, un after shave para José Joaquín o una crema de belleza. A la una y media vuelve a casa. Le ayuda a la chica a poner la mesa. La chica ya ha preparado la comida y lo único que le falta es el marido. Mientras toma una copa de champán: «El médico me ha dicho que es muy bueno para la tensión.» A las dos y media llega José Joaquín y ya pueden comer.

El marido se va otra vez y claro, Isabel no puede fregar: «Eso es malo para las manos y las uñas pintadas y además para eso[8] le pagamos a la chica ...»

Ahora viene la cosa más agradable del día: su siesta. Es importantísima. La echa de tres y media a cinco y media. Cuando se despierta está muy cansada y entonces normalmente va a un centro de belleza para hacer algo de ejercicio. Y después queda con una amiga para tomar un té con pasteles. Isabel está un poco gorda, pero afortunadamente va a hacer ejercicio[9] …

En casa se tiene que duchar otra vez y ponerse más elegante. La chica se ha ido a las seis y como no le gusta la comida recalentada[10] sale con el marido a algún restaurante. Le encanta comer fuera[11] y mirar a la gente. Cuando han acabado de comer se encuentran con unos amigos en un pub[12] para tomar una copa. Y así termina el día.

De verdad, Isabel no se puede quejar.

1 **la tacita** Täßchen
2 **se va a su fábrica** er geht weg (los) in seine Fabrik
3 **el industrial** der Industrielle
4 **la chica** das Mädchen, die Angestellte
5 **le toca** sie ist dran mit
6 **una ducha larga** eine lange Dusche
7 **es hora de salir** es ist Zeit, aus dem Haus zu gehen
8 **para eso** dafür
9 **como va a hacer ejercicio** da sie Gymnastik treibt
10 **recalentado/a** aufgewärmt
11 **comer fuera** außer Haus essen
12 **el pub** Edelkneipe

¿Sí o no?	sí	no
1. Isabel no está casada.	■	■
2. Su marido es industrial.	■	■
3. A las once va al mercado.	■	■
4. La chica prepara la comida.	■	■
5. Joaquín vuelve a la una y media.	■	■
6. Isabel no duerme la siesta.	■	■

TEST 3

1. *Comprensión auditiva*

Sie hören zwölf Sätze. Tragen Sie die fehlenden Wörter ein. Hören Sie die Sätze, wenn Sie nicht schnell genug mitkommen, noch einmal.

1. José García Martín es .... en un centro de salud.

2. Por la mañana trabaja de .... a .... y por .... de las cinco hasta las ocho.

3. De su casa al .... donde trabaja, tiene .... hora de camino.

4. Para llegar .... tiene que levantar se antes de las siete.

5. Hoy ha .... Isabel Real.

6. No puede .... bien porque tiene ....

7. Es una persona nerviosa y por eso ....

8. El .... no le va bien.

9. Pero fuma dos .... al día.

10. El doctor García Martín le dice: «Si .... quiere mejorar, tiene que .... los cigarrillos.»

11. Pero si Isabel deja de fumar, tiene que ....

12. Y las pastillas para .... no le gustan.

2. *Comprensión auditiva*

Was sagt Luis, was sagt er nicht? Kreuzen Sie **correcto**/richtig oder **falso**/falsch an.

	correcto	falso
1. Luis se ha levantado a las siete.	☐	☐
2. Ha desayunado en casa.	☐	☐
3. Ha ido al trabajo en coche.	☐	☐
4. El trabajo empieza a las diez en punto.	☐	☐
5. Ha salido a tomar una cerveza con un compañero.	☐	☐
6. Ha trabajado hasta la una.	☐	☐
7. Ha comido con el jefe.	☐	☐
8. Ha vuelto a casa en metro.	☐	☐
9. Ha visto una película americana.	☐	☐
10. A media noche ha ido a la cama.	☐	☐

3. *Gramática*

Welches ist das einzig passende Wort? Machen Sie ein Kreuzchen:

1. Has … la carta a María ya?

- a escribido
- b escrito
- c dicho

2. Uyyy, me … por las escaleras.

- a caído
- b caio
- c caigo

3. Enrique no me ha … nada.

- a abierto
- b dicho
- c dice

4. Acabo … ver una cosa interesante.

- a que
- b a
- c de

5. Bueno, voy … tomar un vino.

- a a
- b que
- c he

6. Nosotros … duchamos cada mañana.

- a se
- b nos
- c no

7. Cómo … llamáis?

- a vosotros
- b se
- c os

8. He dormido … el día.

- a toda
- b todo
- c cada

9. Luis va al trabajo … día.

- a toda
- b todo
- c cada

10. A Don Juan le gustan … las mujeres.

- a cada
- b todas
- c todos

11. Señor, ¡ … en el bar!

- a espéreme
- b espérame
- c espera

12. La hija de mi hermana es mi … .

- a prima
- b mujer
- c sobrina

13. … nos quedamos en casa.

- a domingo
- b los domingos
- c a los domingos

14. En este restaurante se come … .

- a estupendo
- b estupendamente
- c estupendomente

15. No me gusta mi vida. Pero … la puedo cambiar.

- a no también
- b tampoco no
- c tampoco

16. La madre de mi marido es mi … .

- a cuñado
- b suegra
- c tía

4. Kreuzen Sie die einzig passende Antwort an:

1. ¿Cómo estamos, señora?
   - [a] Bien gracias.
   - [b] Estoy moreno.
   - [c] Estamos de viaje.

2. ¿Qué es lo que le duele?
   - [a] No tengo dolores de cabeza.
   - [b] Me duele todo el cuerpo.
   - [c] Fumo tres paquetes al día.

3. ¿Doctor, me puede dar de baja?
   - [a] Tiene fiebre.
   - [b] Usted no está enfermo.
   - [c] Vamos a hacer una radiografía.

4. ¿Has estado en el gimnasio nuevo ya?
   - [a] Hago ejercicios.
   - [b] Sí, me gusta comer.
   - [c] Todavía no he estado.

5. ¿Qué clase de sitio es?
   - [a] Es el paraíso.
   - [b] No está en el centro.
   - [c] Usted no está enfermo.

6. ¿Por qué no dejas de comer tanto?
   - [a] No me gustan los pasteles.
   - [b] No puedo, me gustan los pasteles.
   - [c] Es una maravilla.

7. ¿Has traído mi libro de ejercicios?
   - [a] No está en el coche.
   - [b] Lo tengo en el coche.
   - [c] No lo he comprado.

8. ¿A qué te refieres?
   - [a] A mí no me importa.
   - [b] A todo eso.
   - [c] De mí.

9. ¿Te duchas por la mañana?

- [a] Si no me quedo en la cama ...
- [b] No me ducho por la noche.
- [c] Hay agua.

10. ¿Cómo vas al trabajo?

- [a] No tengo más remedio.
- [b] No voy en metro.
- [c] Vas en metro.

11. ¿Qué hace tu mujer?

- [a] Lo sé.
- [b] Se ha ido con otro hombre.
- [c] No tiene un solario.

12. ¿Salís mucho por la noche?

- [a] No vemos televisión.
- [b] Trabajo por la mañana.
- [c] No alcanza el presupuesto para eso.

13. ¿Tenéis hijos?

- [a] Nos vamos a casar.
- [b] Dos.
- [c] Mi padre tiene dos hijos.

14. ¿Vuelves a casa cada noche?

- [a] Normalmente sí.
- [b] Por la mañana sí.
- [c] No vuelvo en metro.

15. ¿Estás contento con la vida que llevas?

- [a] Tampoco tengo dinero.
- [b] Vivo todos los días.
- [c] No me puedo quejar.

Test 3 – Gesamtpunktzahl aller richtigen Antworten:

TEMA 7

CONVIVENCIA

Entre amigas

Pili, tengo que hablar contigo.

¿Qué pasa?

Hay algo que me molesta y te lo tengo que decir.

¿Qué te parece si vamos a tomar algo y así hablamos tranquilamente?

Bueno, de acuerdo, vamos …

No sé como decírtelo – ich weiß nicht, wie sagen dir es = wie ich es dir sagen soll. Praktisch ist der Infinitiv, er läßt sich einfach an die Pronomen anhängen.

Poner las cartas sobre la mesa

A ver, Sonia, ¿qué es lo que te molesta?

No sé cómo decírtelo. Antes me llamabas, salíamos juntas, me contabas tus cosas. En fin, teníamos más relación.

Bueno, claro …

Y ahora, cuando te llamo, o no te encuentras bien, o no tienes tiempo, o estás esperando a alguien. ¿Estás enfadada conmigo?

¡Qué va! Es que desde que he empezado a trabajar en este sitio estoy mucho más atareada.

Sí Pili, pero los fines de semana no trabajas.

Bueno, pero estoy cansada y prefiero quedarme en casa leyendo, escribiendo cartas o simplemente viendo la tele.

Lo entiendo, pero tengo la impresión de que sólo me llamas cuando necesitas algo.

¿Qué estás diciendo? Eso no es verdad.

Muchas veces llamo y tú no estás en casa …

Was dem Engländer seine -ing-Form, ist dem Spanier sein **-ando** oder **-iendo**. Gerundium heißt das Teil und drückt aus, daß etwas gerade im Moment passiert. Konstruiert wird es mit estar: **Estoy comiendo, llama más tarde, por favor** – ich bin gerade am essen, ruf bitte später an.

En el piso compartido

Jesús, se han quejado los vecinos. Dicen que hay juerga toda la noche. Han hablado con el dueño y esta mañana ha venido. Como no había nadie, me ha tocado a mí.

¿Y qué ha dicho?

Que hay mucho ruido en la escalera, que hay mucha gente subiendo y bajando, que está la música muy alta …

¡Por favor, Enrique! ¿Es que uno no tiene derecho a recibir a sus amigos?

Pero si están aquí siempre. Se lo beben todo y

hasta ahora no han traído ni una lata de cerveza.

Por lo menos friegan los vasos y tú no haces nada. Mira cómo está el cuarto de baño. Parece que no se limpia aquí.

Yo ahora no puedo. Estoy de exámenes. Y además pasa otra cosa: aquí hay tanto ruido siempre que no se puede hacer nada. Por la noche, tú vienes con todos tus amigos y te importa un bledo si me molesta o no. Si seguís dando la lata así, no sé que voy a hacer. Aquí ni se estudia ni se duerme.

¿Y tú, por qué no puedes estudiar durante el día?

Eso es asunto mío. Bueno, el dueño dice que si esto no cambia, nos echa del piso.

¿Por qué no le has dicho que en lugar de escuchar a los vecinos tiene que arreglar el calentador?

Sí, se lo he dicho, pero …

Der Infinitiv ist ein Rucksack, auf den die Pronomen aufgeschnallt werden. Das gilt nicht für die konjugierten Verbformen: **Se lo he dicho** – ihm es habe ich gesagt.

Diese Form der Vergangenheit beschreibt, was sich ständig wiederholte.

En pareja

Antes estabas más cariñoso conmigo. Salíamos más, me llevabas a cenar, me besabas más. ¿Enrique, ya no me quieres?

¡Qué estás diciendo, Maite!

Hombre, te veo cambiado, raro.

Es que tengo un problema, pero no es nada grave.

A ver, ¿dónde te duele?

No te lo voy a contar, ¿para qué?

Yo no quiero seguir así contigo, no me encuentro bien.

¡Espera dos semanas ...!

No, ahora me lo tienes que contar. Si sigues encerrándote así ...

Déjame en paz, por favor.

Jolines sagt, wer wohlerzogen auf das weitverbreitete, vulgäre **joder** verzichtet. Die angemessene Eindeutschung für **jolines** lautet etwa so: Scheiiiiiben...honig.

En familia

¡Baja la tele, Concha!, que no se puede ni hablar.

Espera que está terminando el episodio. Ya falta poco.

¡Bájala, por favor!

Jolines, aquí sólo se ve la tele cuando hay fútbol. Entonces nos tenemos que callar todos. Y una vez que me gusta algo, no me dejas verlo.

Auch das Gerundium kann Pronomen aufgeschnallt bekommen.

¡Aquí mando yo!

¿Por qué vienes tan tarde? Es la una ya y tu madre lleva dos horas esperándote.

¿Por qué me esperáis? Yo tengo llave. ¿Es que no tengo derecho a salir?

Claro que sí, pero te lo he dicho mil veces: tienes que estar aquí antes de las doce. Y tú nunca haces caso.

Pero papá, que tengo ya dieciséis años.
Me da igual. Aquí mando yo y no se discute. Y si yo te digo que tienes que volver a una hora ...
Entonces no puedo salir. Tú sabes perfectamente que antes de las diez y media no hay nadie. Y para estar media hora con los compañeros no merece la pena salir. Cuando tú eras joven, seguro que te pasaba esto también.

¡APRENDE!

Convivencia

Zusammenleben

Entre amigas

Unter Freundinnen

contigo
mit dir
molestar
stören
te lo tengo que decir
ich muß es dir sagen
tranquilamente
ruhig

Poner las cartas sobre la mesa

Die Karten auf den Tisch legen

sobre
auf
antes me llamabas
früher riefst du mich (öfters) an
salíamos
wir gingen aus
teníamos
wir hatten
tener relación
miteinander zu tun haben
tener tiempo
Zeit haben
estar esperando a alguien
auf jemanden warten
estar enfadado con
verärgert sein über ...
¡qué va!
überhaupt nicht
en este sitio
an diesem Ort, an dieser Stelle
atareado/a
(mit Arbeit) beschäftigt
los fines de semana
an den Wochenenden
cansado/a
müde
preferir
vorziehen, lieber tun
leyendo (leer)
lesend
escribiendo (escribir)
schreibend
la carta
der Brief
simplemente
einfach
viendo (ver)
sehend
la tele ⟨ ⟩
das Fernsehen
la impresión
der Eindruck
diciendo (decir)
sagend
¿qué estás diciendo?
was sagst du da?
es verdad
es ist wahr
muchas veces
oft

En el piso compartido

In der Wohngemeinschaft

el piso
die Wohnung
compartido
geteilt
los vecinos
die Nachbarn
la juerga
Rambazamba
toda la noche
die ganze Nacht
el dueño
der (Haus)besitzer
esta mañana
heute morgen
me ha tocado a mí
ich bin dran gewesen
el ruido
der Lärm

subiendo (subir)
hochgehend
bajando (bajar)
runtergehend
la música
die Musik
alto/a
hoch, laut
tener derecho
ein Recht haben
recibir
empfangen, erhalten
pero si están aquí siempre
die sind doch immer hier
se lo beben todo
die trinken alles auf
una lata
eine Dose
el cuarto de baño
das Badezimmer
se limpia (limpiar)
wird saubergemacht
estoy de exámenes
ich habe gerade Prüfungen
no se puede hacer nada
man kann nichts tun
te importa un bledo 〈 〉
das ist dir schnuppe
dar la lata 〈 〉
nerven
ni se estudia ni se duerme
es wird nicht gelernt und nicht geschlafen
durante el día
den Tag über
un asunto mío
meine Angelegenheit
echar del piso
aus der Wohnung werfen, kündigen
en lugar de
anstelle von
escuchar
zuhören
arreglar
in Ordnung bringen
el calentador
der Warmwasserboiler
se lo he dicho
ich hab es ihm gesagt

En pareja
Mit dem Partner

estabas
du warst
más cariñoso/a
liebevoller
besar
küssen
ya no
nicht mehr
querer
lieben
te veo cambiado
ich finde (sehe) dich verändert
raro/a
seltsam
seguir
weitermachen
encerrarse
sich einigeln

En familia
In der Familie

¡baja la tele!
mach den Fernseher leiser!
que no se puede ni hablar
man kann sich ja nicht einmal unterhalten
está terminando
geht zu Ende
el episodio
die Folge (der Serie)
ya falta poco
nur noch ein bißchen, ist gleich fertig
¡bájala!
mach leiser
¡jolines! 〈 ! 〉
verdammt!

se ve la tele
es wird ferngesehen
el fútbol
Fußball
callarse
schweigen
nos tenemos que callar todos
wir müssen alle still sein

¡Aqui mando yo!
Hier bestimme ich!

tan
so

es la una ya
es ist schon ein Uhr
tu madre lleva dos horas esperándote
deine Mutter wartet schon seit zwei Stunden auf dich
la llave
der Schlüssel
antes de las doce
vor zwölf (Uhr)
y tú nunca haces caso
und du hörst/gehorchst nie
me da igual
ist mir egal

aquí mando yo
hier bestimme ich
discutir
diskutieren, streiten
tú sabes perfectamente
du weißt genau
no merece la pena
das lohnt die Mühe nicht
joven (Plural: **jóvenes**)
jung
seguro
sicher

Land und Leute: Unter einem Dach

Die Zeit der Wohngemeinschaften ist vorbei, nur wenige Spanier entschließen sich bewußt zu dieser Lebensform. Wohngemeinschaften aus Not gibt es dennoch viele: Wer studiert, kann sich in der Regel keine eigene Wohnung leisten. Nicht selten leben 35jährige noch oder wieder bei den Eltern, das Zuhause ist eben das perfekte Hotel: Die Mama kocht, die Mama wäscht, die Mama spült, und das Klima kann herzlicher sein als in der Single-Wohnung. Unter einem Dach leben heißt aber oft nur Badezimmer und Eßzimmer teilen, ansonsten geht jeder seinen eigenen Weg. Die Lebensrhythmen der Generationen sind nicht mehr kompatibel. Wenn die Eltern langsam schlafen gehen, dann machen die Jungen sich zurecht für die große Sause. Um zwölf oder eins gehen sie aus dem Haus, treffen sich auf ein Bierchen und um drei oder vier ist die Disko dran. ***Bacalao*** *ist dort der Renner – Techno auf spanisch. Morgens um neun oder halb zwölf kommen die Jungen zurück und treffen die Eltern allenfalls noch beim Frühstück.*

¡Escucha! 5

	sí	no
entre amigas: Sonia tiene un problema con Pili.	■	■
poner las cartas sobre la mesa: Sonia no tiene tiempo para su amiga.	■	■
en el piso compartido: Los amigos de Jesús están de fiesta todos los días.	■	■
en pareja: Maite y Enrique no tienen problemas.	■	■
en familia: Concha quiere bajar la tele.	■	■
¡aquí mando yo!: El chico llega muy tarde a casa.	■	■

TEORÍA

Pretérito imperfecto
Das Imperfekt

Endlich mal was Neues ohne Ausnahmen – fast. Das Pretérito imperfecto wird verwendet, um etwas zu beschreiben oder zu erzählen, was einmal war. Je nach Verbgruppe gibt es zwei Endungstypen:

Verben auf **-ar**	auf **-er** /**-ir**	
tom**ar** nehmen	sab**er** wissen	viv**ir** leben
tom**aba**	sab**ía**	viv**ía**
tom**abas**	sab**ías**	viv**ías**
tom**aba**	sab**ía**	viv**ía**
tom**ábamo**s	sab**íamos**	viv**íamos**
tom**abais**	sab**íais**	viv**íais**
tom**aban**	sab**ían**	viv**ían**

Im **Pretérito imperfecto** haben alle Verben auf **-ar** die **-aba**-Endung, die Verben auf **-er/-ir** haben die **-ía**-Endung

Ausnahmen:		
ser	**ver**	**ir**
era	**veía**	**iba**
eras	**veías**	**ibas**
era	**veía**	**iba**
eramos	**veíamos**	**ibamos**
erais	**veíais**	**ibais**
eran	**veían**	**iban**

Die 1. Plural im Pretérito imperfecto hat also immer einen Akzent auf der «antepenúltima», der vorvorletzten, d. h. drittletzten Silbe

Pretérito imperfecto von haber ist **había-**. Von hay also **había**,«es gab».

PRÁCTICA

1. Resümee einer gescheiterten Liebe
(was jetzt kommt, ist eher verzweifelt)

1. Ahora ya no me quieres.
Antes ......me querías.......
2. Ahora ya no hablamos.
Antes ....
3. Ahora ya no salimos juntos.
Antes ....
4. Ahora ya no me entiendes.
Antes ....
5. Ahora ya no me miras.
Antes ....
6. Ahora ya no me compras joyas (Schmuck).
Antes ....
7. Ahora ya no te gusto.
Antes ....
8. Ahora ya no me llevas a comer por ahí.
Antes ....
9. Ahora ya no me mandas cartas de amor.
Antes ....
10. Ahora ya no me sirves el desayuno los domingos.
Antes ....
11. Ahora ya no aguantas mis caprichos.
Antes ....
12. Ahora ya no friegas los platos.
Antes ....
13. Ahora ya no hacemos el amor.
Antes ....
14. Ahora ya no quiero vivir contigo.
Antes ....
15. Ahora ya no quiero vivir.
Antes .... (*Schluchz!*)

2. *¿Cuál es la forma del pretérito imperfecto?* Wie lautet die Form im Imperfekt?

1. hablo ....
2. puedes ....
3. queremos ....
4. siento ....
5. tenéis ....
6. vamos ....
7. me llamas ....
8. compran ....
9. vendo ....
10. te sientas ....
11. salgo..................
12. traducís...............
13. encontramos ......
14. vuelve ....
15. veo ....
16. somos ....
17. sabes ....
18. doy ....

TEORÍA

¿Cuándo se usa el pretérito imperfecto?
Wann wird das Imperfekt gebraucht?

Beim Beschreiben, wie es war, was war (nicht was passierte), also von anhaltenden Handlungen, Zuständen.

1. Era un día estupendo, entonces vivíamos en Santiago ...
Es war ein herrlicher Tag, wir lebten damals in Santiago ...

Beim Beschreiben von Handlungen, die sich wiederholen.

2. Los sábados íbamos a la discoteca y tomábamos copitas ...
Samstags gingen wir in die Diskothek, tranken was ...

Gleichzeitig verlaufende Handlungen stehen im Pretérito imperfecto.

3. Yo estaba en el cine mientras ella tomaba café con aquel hombre.
Ich war im Kino, während sie mit jenem Mann Kaffee trank.

Pronomen-Salat

Te lo tengo que decir.	Ich muß es dir sagen.
No sé cómo **decírtelo**.	Ich weiß nicht, wie ich´s dir sagen soll.
Me lo tienes que contar.	Du mußt mir das erzählen.
No voy a **contártelo**.	Ich werd dir das nicht erzählen.

Pronomen stehen vor dem konjugierten Verb oder angehängt an den Infinitiv. Zuerst steht Dativ (Person), dann Akkusativ (Sache).

PRÁCTICA

3. *¿Cómo era antes?*
Wie war das früher?

Setzen Sie die Sätze ins Imperfekt:

1. La gente está en la calle.

La gente estaba en la calle.

2. No se ve tanto la televisión.

....

3. Se vive tranquilamente.

....

4. Se trabaja, pero la gente no tiene dinero.

....

5. Hay hambre y hay alegría.

....

6. Muchos no van a la escuela y no tienen mucha cultura.

....

7. Los hijos les tienen respeto a sus padres.

....

4. Schreiben Sie alle Imperfekt-Formen aus dem Dialog raus.

5. *Aquí faltan los pronombres*
Hier fehlen die Pronomen

1. *¿Cuándo me devuelves el dinero?* – Ahora ....te lo.... devuelvo.

2. Juan tiene un libro para ti. Mañana .... da.

3. Tienes un coche nuevo. ¿Por qué no .... has dicho antes.

4. Carmen quiere comprar mi casa en Mallorca. Pero yo no ....vendo.

5. *¿Tienen ustedes el número de teléfono de Oscar Pérez?* – No, ahora no, pero .... puedo mirar. (sie Ihnen nachschauen)

6. *Entonces, ¿qué ha pasado con Emilio?* – Hombre, ya .... he contado dos veces.

7. ¿Necesitas el coche? Bueno, ... dejo hasta mañana, ¿vale?

8. Este vino me parece bueno. .... llevo, ¿cuánto vale?

9. Esta botella me parece buena .... llevo, ¿cuánto vale?

10. *¿Por qué no me cuentas lo que ha pasado con Amalia?* – Ahora no tengo tiempo, mañana .... cuento.

TEORÍA

Cóctel de pronombres

Achtung! Jetzt kommt eine Subtilität der spanischen Sprache, ein Stolperstein, der manchem zu Unrecht Angst einflößt:

Se lo digo	ich sage es ihm/ihr
¿La carta para Luis?	Den Brief für Luis?
Se la he dado ya.	Ich habe ihn ihm schon gegeben.

In der 3. Person werden **le** und **les** dann zu **se**, wenn sie bei einem Akkusativpronomen stehen:	me lo	
	te lo	
	se lo	(statt **le**)
	nos lo	
	os lo	
	se lo	(statt **les**)

Se heißt also in diesem Zusammenhang: ihm/ihr /Ihnen/ihnen/Ihnen)

Unpersönliche Reflexivpronomen

No se estudia	es wird nicht studiert, man studiert nicht
Se discute	es wird diskutiert, man diskutiert
Se fuma	es wird geraucht, man raucht

Passiv und unpersönliche Wendungen (man, die Leute) werden im Spanischen oft in der 3. Person Einzahl reflexiv ausgedrückt. Steht das Hauptwort in der Mehrzahl, so gilt das auch für das Verb.

6. *La posición de pronombres*
Pronomenstellung

An welcher Stelle können die Pronomen auch stehen?

1. Te quiero decir una cosa.
.... Quiero decirte una cosa.
2. Acaban de llamarme mis suegros.
3. Os voy a mandar el libro mañana.
4. Lo estoy buscando pero no lo encuentro.
5. Te lo quiero dar, pero no sé donde está.
6. Lo siento señor, no se lo puedo permitir.
7. Señora Escribano, ¿no le podemos llamar por la tarde?
8. Pedro ha dicho que nos vuelve a llamar a las ocho.

7. Drücken Sie sich kurz und bündig aus

1.¿ Qué hace la gente en Ibiza? (ligar mucho, dormir poco)
.... Se liga mucho y se duerme poco.
2. ¿ Qué se hace en un supermercado? (comprar cosas malas, pagar mucho dinero)
....
3. ¿ Qué se hace en un bar? (tomar vino malo, hablar mucho)
....
4. ¿ Qué se hace los domingos cuando no se trabaja? (dormir mucho, comer bien)
....
5. ¿ Qué se hace por la noche? (ver televisión y luego ir a la cama)
....
6. ¿ Qué se hace cuando se llega a París? (buscar un hotel, desayunar un café con leche y croissants)
....

TEORÍA

El gerundio
Das Gerundium

Die Formen **esperando**, **vendiendo** und **escribiendo** nennt man Partizip 1 oder Mittelwort der Gegenwart.

Estoy esperando. Ich warte (im Moment) auf dich.
Estamos escribiendo una carta. Wir schreiben (gerade) einen Brief.

Gerundium = estar + participio 1

Verlaufsform heißt das auf deutsch, es zeigt auf, daß gerade, im Moment, etwas geschieht: **¿Qué estas diciendo?** Was sagst du da (gerade)?

Adverbien werden ersetzt:

Gerade:
estar + gerundio

Luis está preparando la comida. Luis bereitet **gerade** das Essen vor.

Gerne:
gustar + infinitivo

¿Le gusta esquiar? Laufen Sie **gerne** Ski?

Lieber:
preferir + infinitivo

Prefiero tomar una cerveza. Ich trinke **lieber** ein Bier.

Gleich, in Kürze:
ir + a + infinitivo

Voy a llamarte. Ich rufe dich **gleich** an.

Gerade / vor kurzem:
acabar + de + infinitivo

Acabo de recibir una carta. Ich habe **gerade** einen Brief bekommen.

8. *¿Qué está haciendo Paco ahora mismo?* Gebrauchen Sie das Gerundium

1. Hablar con su novia .... Paco está hablando con su novia.
2. Discutir un problema importante ....
3. Pasar un momento agradable ....
4. Leer un libro interesante ....
5. Escuchar la radio ....
6. Comer un bocadillo ....
7. Fumar un cigarrillo ....
8. Dormir tranquilamente ....
9. Preparar un exámen ....
10. Escribir una carta ....
11. Cerrar el libro ....
12. Ver la tele ....

9. *Problemas, problemas, problemas, problemas ...* Fragen zum Text

en el piso compartido

1. ¿Qué problemas tienen los amigos del piso compartido con el dueño?
2. ¿Qué problema tiene Jesús con Enrique y sus amigos?
3. ¿Cómo son los amigos de Enrique.

en pareja

1. ¿Qué problema tiene Maite con su novio?
2. ¿Qué dice Angel?

en familia

1. ¿De qué se queja Concha?
2. ¿Cómo es su padre?

aquí mando yo

1. ¿Qué problema tienen el padre y el hijo?
2. ¿Cómo el hijo ve su vida, por qué no quiere volver más temprano (früher) a casa?

TEORÍA

Weiter / immer noch: seguir + gerundio	**¿Qué haces?** Sigo vendiendo aspiradoras. Was machst du? Ich verkaufe **weiter** (**immer noch**) Staubsauger.
Normalerweise /etwas zu tun pflegen: soler + infinitivo	**Solemos tomar té a las cinco. Normalerweise** trinken wir um 5 Uhr Tee.
Leider: sentir + infinitivo	**Siento no poder venir. Leider** kann ich nicht kommen.
Nochmals: volver + a + infinitivo	**Vuelvo a repetir.** Ich wiederhole **nochmals**.
Schon: llevar + gerundio	**Lleva trabajando** tres años aquí. Er arbeitet **schon** seit drei Jahren hier.

¡Ojo!

¿Qué te parece si ... ?	Was hältst du davon, wenn ...
Te veo cambiado.	Du kommst mir verändert vor.
Me quedo en casa leyendo.	Ich bleib zu Hause und lese.
Que no se puede ni hablar.	Hier kann man ja gar nicht sprechen.
Me ha tocado a mí.	Es hat mich getroffen.
Me da igual.	Das ist mir egal.
Parece que no se limpia aquí.	Es sieht so aus, als ob man hier nicht saubermachen würde.
Estoy de exámenes.	Ich stehe in Prüfungen.

10. ¿Cómo sigue la frase?

1. Suelo ir al	**a** en el bar.
2. Julia lleva seis años	**b** no poder venir a la fiesta.
3. Seguimos viviendo	**c** salir con su novia.
4. Jorge vuelve a	**d** en la misma casa.
5. Sentimos mucho	**e** estudiando.
6. Solemos desayunar	**f** cine los sábados.

11. *Un par de preguntas para discutir:*

1. Cuando dos personas tienen un problema, ¿cuál es un buen sitio para hablar?

2. ¿Es siempre bueno decir la verdad?

3. Si un amigo te dice siempre: « ... no tengo tiempo, tengo tanto trabajo, no puedo salir ... », ¿cómo reaccionas? (reagieren)

4. ¿Cuáles son los problemas en un piso compartido?

5. ¿Cuáles son los problemas en una familia?

6. ¿Qué es más fácil, vivir en pareja o en familia?

12. *Traducción* Übersetzung

1. Was macht ihr? Wir arbeiten immer noch das gleiche. **2.** Ich trinke gerne einen Whisky. Willst du auch einen? **3.** Nein danke, ich trinke lieber Kaffee. **4.** Normalerweise raucht sie 70 Zigaretten am Tag (al día). **5.** Jeden Tag sage ich ihr wieder, daß das schlecht ist. **6.** Ich habe gerade einen großartigen Film gesehen. **7.** Leider kann ich das nicht verstehen. **8.** Ich habe gerade mit einem Freund gesprochen. **9.** Ich habe jetzt (ahora mismo) keine Zeit. Ich rufe dich gleich an.

LECTURA

¡QUÉ DIFÍCIL ES LA VIDA!

¡Qué difícil es la vida en el piso compartido! Por lo menos para Antonia, Javi, Merche y Rafa. La casa está fatal[1]. No se limpia, no se friega, no se compra comida y cuando uno trae una botella de vino, se toma en seguida. Rafa y Merche son novios. Pero las cosas entre ellos[2] no van muy bien: «Merche, parece que te has cansado de mí. Siempre pasábamos los domingos estupendamente. Ibamos de viaje, a comer por ahí[3], a ver alguna película …»

Es verdad. Hace cuatro semanas que Merche no ha salido con él. Siempre está con sus compañeros de trabajo. O sale con ellos o[4] se queda en casa. Claro, Rafa tiene exámenes. Puede estudiar por la noche y puede dormir hasta que le da la gana. Pero Merche tiene que levantarse a las seis y media. Así que no hacen mucha vida juntos[5].

Un día pasa lo que tiene que pasar. Ya cuando se llevaban bien Merche y Rafa, Javi la miraba de una forma[6] … que a ella le encantaba. Ahora Rafa se ha ido a pasar tres días a casa de sus padres. Y uno de esos días por la mañana Merche se despierta en la cama de Javi. Cuando vuelve Rafa hay que poner las cartas sobre la mesa. Merche no quiere seguir con él. Quiere vivir con Javi, pero no tienen un sitio adónde ir. Y Rafa tampoco se puede marchar[7] a otro piso.

1 **fatal** in grausligem Zustand
2 **las cosas entre ellos** ihr Zusammenleben
3 **comer por ahí** außer Haus essen
4 **o … o …** entweder … oder …
5 **no hacer mucha vida juntos** nicht viel gemeinsam unternehmen
6 **de una forma** irgendwie so eigenartig
7 **marcharse** weggehen/-ziehen
8 **los conflictos** Konflikte
9 **deprimido/a** deprimiert

Antonia está mala de tantos conflictos[8] de pareja. Rafa está muy deprimido[9]. Merche nerviosísima. Y Javi parece ser el único que está contento. Por fin tiene novia. La vida así le va muy bien. Pero ya no quiere vivir con Rafa.

Ahora se friega menos, se limpia menos, se come menos. Y a nadie le gusta la vida en este piso compartido.

¿Sí o no?	sí	no
1. Antonia y Rafa viven juntos.	■	■
2. Merche compra la comida.	■	■
3. Rafa y Merche tienen problemas.	■	■
4. Merche se levanta a las siete y media	■	■
5. Javi se despierta en la cama de Merche.	■	■
6. Javi está contento.	■	■

TEMA 8

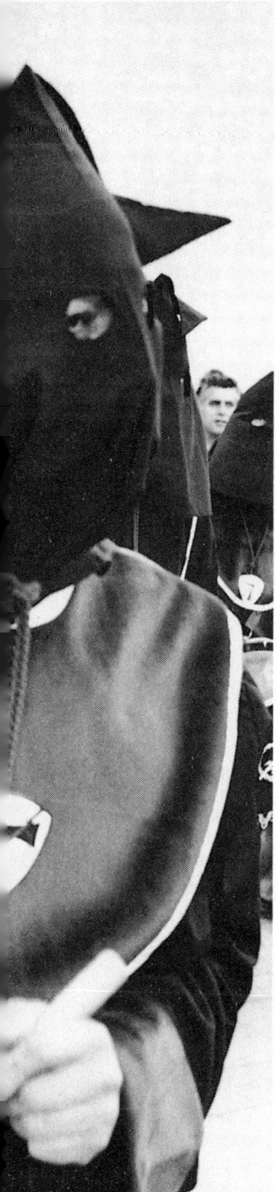

BURCRACIA

En la puerta de Correos

¿No sabías que en Correos están en huelga?

Uyyy, se me ha olvidado. Llevo una carta que tenía que llegar mañana mismo. ¿Entonces qué hago?

Tienes que llamar por teléfono y avisar que va a llegar más tarde o mejor - la mandas por los mensajeros. Son rapidísimos. Así te llega antes.

Immer wenn nicht wichtig ist, wer etwas tut, kann die dritte Person Mehrzahl stehen. **Me han robado** – Sie haben mich bestohlen, **me han dicho** – man hat mir gesagt.

En la policía

Perdone, me acaban de robar el coche ...

Haga el favor de esperar fuera. Ahora mismo le llamo.

....

¿Usted qué quería?

Resulta que me han robado mi coche con todos los documentos.

¿Cuáles?

El D.N.I., el carnet de conducir y los papeles del coche.

¿Dónde lo tenía aparcado?

Estaba en la calle Alhamar enfrente del Banco de Bilbao.

¿Qué coche es?

Un SEAT Ibiza.

¿Qué seguro tiene?

Está a todo riesgo.

¿Y los documentos iban dentro, decía?

Pues sí.

Entonces vamos a hacer la denuncia.

En la sucursal del banco

¿Qué desea?

¿Tiene cambio?

¿Qué quería cambiar, algún billete grande?

No, no, traigo este cheque.

¿Es suyo?

Si, me acaban de pagar con esto.

A ver … esto, ¿de qué país viene?

Es un cheque holandés.

No, no, eso no lo cambiamos aquí. Tiene que ir a nuestra central en la Gran Vía.

Sofort rufe ich Sie – das bekommt man ständig auf allen Ämtern zu hören, und dann dauert es noch zwei Stunden, bis man dran ist.

En la ventanilla del ferrocarril

¿Me puede informar de una tarifa?

No, aquí sólo hacemos reservas. Mire en la ventanilla de al lado.

Quería hacer una pregunta.

Dígame.

Mañana tengo que ir a Barcelona y quería saber si hay una reducción para estudiantes.

Sí, para menores hay algo. ¿Cúantos años tiene?

Veinticuatro.

¿Me da su carnet?

Aquí lo tiene.

¿Qué día quería volver?

Me hacía falta sólo la ida.

Entonces no. Tiene que pagar la tarifa normal.

¿A cuánto me sale sólo la ida?

Cinco mil más o menos y el suplemento.

Puoooa, es carísimo.

.... *Oiga, me devuelve mi carnet por favor.*

Reducción
Ermäßigung – gibt es für **estudiantes, menores** – Minderjährige und **mayores de 65** – älter als 65jährige. Zugfahren ist wie Busfahren nicht teuer: 750 km von Madrid nach Barcelona kosten ohne Ermäßigung im normalen Zug um die 70 Mark.

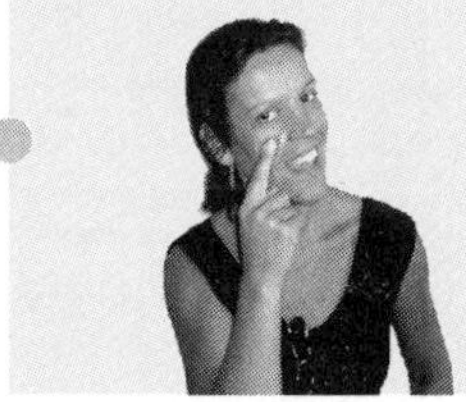

En la aduana

¿Cuál de ésas es su maleta?

Esa misma es mía.

¿La pone encima de esta mesa por favor?, ¿qué es lo que lleva dentro?

Bueno, nada de especial: ropa, libros, un regalo.

¿Me la abre por favor?

(clac - clac)

¿Esto qué es?

Un flash para una cámara de vídeo.

Ahh, (el aduanero se pone contento) esto lo tiene que declarar. Haga el favor de pasar por aquella puerta.

En la casa de la cultura

Quería inscribirme en el cursillo.

¿En cuál?

En el de teatro.

Voy a ver si quedan plazas ... Uyyy, es difícil encontrar un sitio.

A ver si sigues mirando ...

Me temo que está completo. Hay veinte plazas y ya hay veintidós inscripciones.

¡Qué más da!

No es lo mismo. Si hay mucha gente se aprende menos.

Venga, ¿no puedes hacer una excepción? Seguro que falla alguien.

Ahora te lo hago, pero no se lo comentas a nadie, ¿verdad?

Muchas gracias. A propósito, ¿cuándo empieza?

El diez de junio. Toma, este resguardo es tuyo. Tienes que entregarlo el primer día de clase.

Se lo puedo arreglar – ihm es ich kann in Ordnung bringen. Die Pronomen werden nicht immer an den Infinitiv angehängt, sie können auch vor dem konjugierten Verb stehen.

En la oficina de empleo

¿Qué quería?

Buenos días. Vengo porque acabo de estar en el banco. Resulta que llevo dos meses sin cobrar y el banco no sabe nada.

Vamos a ver. ¿Usted cómo se llama?

Juan Gómez Gómez.

¿Fecha de nacimiento?

El dos de setiembre de 1958.

Voy a buscar el fichero. ... Parece que hay un problema. De todos modos yo no se lo puedo arreglar. Mejor viene mañana y mi compañero se lo soluciona. Su despacho está en el mismo pasillo, todo derecho, al final.

Mejor venir mañana – ist das beste, was man im bürokratischen Dschungel tun kann, am besten (immer erst) morgen kommen. Ein Thema, das Bücher füllt: Bereits 1849 erschien die erste literarische Beamtenschelte **Vuelva usted mañana** – Kommen Sie morgen wieder.

¡APRENDE!

Burocracia

Bürokratie

En la puerta de Correos

Am Eingang der Post

¿sabías que?
wußtest du, daß ...?
estár en huelga
streiken
se me ha olvidado
ich habe vergessen
tenía
ich (er/sie) hatte
tenía que llegar
sollte ankommen
mañana mismo
gleich/noch morgen
avisar
Bescheid geben
mejor
besser
mandar por
schicken mit ...
el mensajero
der Bote (mit Motorrad oder Vespa)
rapidísimo
ganz schnell/sehr schnell

En la policía

Auf der Polizei

robar
stehlen, klauen
haga el favor de
bitte ...!
fuera
draußen
ahora mismo
jetzt gleich
resulta que
es ist so, daß ...
los documentos
die Dokumente
¿cuáles?
welche?
D.N.I. (Documento Nacional de Identidad)
Personalausweis
conducir
(selbst) fahren
el carnet de conducir
der Führerschein
los papeles
die Papiere
aparcado/a
geparkt
el seguro
die Versicherung
a todo riesgo
Vollkasko
iban
sie fuhren
decía
er/sie sagte
la denuncia
die Anzeige

En la sucursal del banco

Auf der Zweigstelle der Bank

suyo/a
sein, ihr, Ihr
el país
das Land
holandés
holländisch
central
zentral
la Gran Vía
häufiger Name der Hauptstraße in einer Stadt

En la ventanilla de ferrocarril
Am Bahnhofsschalter

el ferrocarril
die Eisenbahn
informar de
informieren über
la tarifa
der Preis
la reserva
die Reservierung
la pregunta
die Frage
una reducción
die Ermäßigung
el estudiante
der Student
menor de
weniger (alt) als
el carnet
der Ausweis
me hacía falta
ich brauchte
normal
na, wie heißt das wohl auf deutsch?
el suplemento
der Zuschlag
carísimo
sehr teuer

En la aduana
Am Zoll

¿cuál de esas? (fem.)
welcher von diesen?
la maleta
der Koffer
esa misma
dieser ist meiner (diese selbst)
encima de
auf
llevar dentro
drin haben
nada de especial
nichts Besonderes
la ropa
die Wäsche
un regalo
ein Geschenk
abrir
öffnen
un flash
ein Blitzlicht(gerät)
una cámara de vídeo
eine Videokamera
el aduanero
der Zöllner
se pone contento
er freut sich
declarar
deklarieren
atender
bedienen, betreuen

En la casa de la cultura
Im Bürgerhaus

inscribirse
sich einschreiben
el cursillo
der Fortbildungskurs
la plaza
der (freie) Platz
temer
fürchten
un sitio
ein Platz
las inscripciones
die Einschreibungen
no es lo mismo
das ist nicht das gleiche
aprender
lernen
menos
weniger
una excepción
eine Ausnahme
fallar
fehlen/nicht erscheinen
comentar
weitersagen
a propósito
apropos
junio
Juni

¿verdad?
wirklich?
el resguardo
die Quittung
tuyo/tuya
der/die deinige
entregar
aushändigen, abgeben

La oficina de empleo
Das Arbeitsamt

el empleo
die Anstellung
¿qué quería?
was wollten Sie (noch)?
cobrar
kassieren, Geld bekommen
la fecha de nacimiento
das Geburtsdatum
setiembre
der September
el fichero
die Kartei
de todos modos
auf alle Fälle
solucionar
regeln
el despacho
das Büro
el pasillo
der Flur
todo derecho
geradeaus
al final
am Ende

Land und Leute: Ferrocarril & Co.

Teuer sind die Bahnreisen zwischen Bilbao und Algeciras nicht, und die schnellsten in Europa sind sie auch nicht. Vielleicht weil der Generalísimo Franco aus Angst vor einer Invasion der Feinde mit dem Zug im ganzen Land die Schienen um elf Zentimeter verbreitern ließ. Das Vorzeigestück unter den spanischen Zügen ist der AVE. Der Begriff steht für ***alta velocidad****, hohe Geschwindigkeit, und* ***el ave****, der Vogel. Der Nachteil des schnellen Zuges: Er verkehrt nur zwischen Madrid und Sevilla. Spanien ist halt seit jeher zentralisiert, und in der Hauptstadt laufen alle Fäden zusammen. Geradeso wie das Netz der staatlichen Eisenbahnen. Immerhin, die Strecke Barcelona–Madrid soll demnächst vom AVE befahren werden.*
Anders als in Deutschland, muß man auf längeren Strecken einen Platz reservieren. Das gelöste Ticket gilt nur an dem Tag, an dem reserviert ist, und unbenutzte Fahrkarten werden nur bis vor Abfahrt des reservierten Zuges erstattet.
Das Flugzeug ist die teure, der Bus die billigere Alternative zum Zug. Vorsicht ist geboten an den Tagen, die die Polizei als ***operación salida*** *und* ***operación retorno*** *anpackt: Anfang und Ende der Ferien, wenn das ganze Land im Stau steht, und manch einer Sehnsucht bekommt nach der Fahrt mit der gemütlichen Bahn.*

¡Escucha! 8

16

	sí	no
en la puerta de Correos: En Correos se trabaja hoy.	☐	☐
en la policía: En la calle Alhamar han robado un coche SEAT Laguna.	☐	☐
en la sucursal del banco: En la sucursal no quieren cambiar cheques holandeses.	☐	☐
en la ventanilla del ferrocarril: No hay reducción para el billete de ida.	☐	☐
en la aduana: No tiene nada que declarar.	☐	☐
en la casa de la cultura: Quedan muchas plazas para el cursillo.	☐	☐
en la oficina de empleo: Juan Gómez Gómez lleva dos meses sin recibir dinero.	☐	☐

TEORÍA

El comparativo irregular
Der unregelmäßige Komparativ

Der Komparativ wird gebraucht, um Eigenschaften zu vergleichen. Einige wenige Adjektive / Adverbien haben eigene Vergleichsformen:

bueno	→	**mejor**	besser
malo	→	**peor**	schlechter
mucho	→	**más**	mehr
poco	→	**menos**	weniger
grande	→	**mayor**	größer
pequeño	→	**menor**	kleiner

Paco de Lucía es un buen guitarrista.
Paco de Lucía es mejor **que** Pepe Fulano.
Paco de Lucía es **el mejor** guitarrista (del mundo, de todos los guitarristas, del siglo ...)

Die Konstruktion ist ganz einfach:

Komparativ + que
(mejor que)
Superlativ = el/la + Komparativ
(el mejor)

PRÁCTICA

1. *Pon los comparativos* Setze die Komparative

(bueno, malo, grande, pequeño, mucho y poco)

1. No tengo mucho dinero. Para ir a Londres necesito más ....

2. Joaquín tiene un coche muy bueno. Pero quiere uno ....

3. España es un país grande. La Unión Soviética tiene más kilómetros cuadrados, es ....

4. No hace buen tiempo hoy. Pero mañana el tiempo va a estar ....

5. ¿Estás gordo? Entonces tienes que comer .... para adelgazar.

6. Tengo dos hermanos. El .... tiene dos años más que yo, el .... tiene tres años menos que yo.

2. Fragen zum Text

1. ¿Cómo se puede mandar una carta si en Correos están en huelga? **2.** Si usted tiene un coche, ¿qué documentos tiene que llevar? **3.** Si en la sucursal de un banco no le cambian un cheque extranjero, ¿dónde lo puede cambiar? **4.** ¿Para quién hay una reducción de tarifa en los viajes de ferrocarril? **5.** ¿Qué hace falta para conseguir una reducción de estudiantes? **6.** ¿Qué objetos no se pueden pasar por la aduana sin declarar? **7.** El cursillo está completo ya. ¿Cómo se consigue una plaza? **8.** ¿Quién suele solucionar los problemas en la oficina de empleo?

TEORÍA

Los días de la semana
Die Wochentage

lunes (el)	Montag
martes	Dienstag
miércoles	Mittwoch
jueves	Donnerstag
viernes	Freitag
sábado	Samstag
domingo	Sonntag

Los nombres de los meses
Die Monatsnamen

enero	Januar
febrero	Februar
marzo	März
abril	April
mayo	Mai
junio	Juni
julio	Juli
agosto	August
setiembre	September
octubre	Oktober
noviembre	November
diciembre	Dezember

La fecha
Das Datum

1.1.1992
El uno de enero de mil novecientos noventa y dos

2.3.1884
El dos de marzo de mil ochocientos ochenta y cuatro

Am Monatsanfang steht auch manchmal **el primero de julio** – der erste Juli. Oft hört man auch die Wendung: **el día tres** – am dritten ...

Las cuatro estaciones del año
Die vier Jahreszeiten

el invierno	der Winter
la primavera	der Frühling
el verano	der Sommer
el otoño	der Herbst

3. *Días y meses*
Ergänzen Sie

1. Hoy es sábado. Pasado mañana es ...lunes.... . **2.** Los días que no se trabaja son .... y .... **3.** El verano tiene los meses ...., ... y .... **4.** El .... empieza el fin de semana. **5.** Hoy es lunes. Mañana no tengo tiempo. Pasado mañana tampoco. Pero el .... puedo venir otra vez. **6.** Los meses más fríos del año son ...., ... y ....

4. *Relaciona*
Bringe zusammen

1. 12.10.1492	**a** la muerte de Franco
2. el catorce de julio de mil setecientos ochenta y nueve	**b** nacimiento de Jesús
3. 20.11.1975	**c** el primer hombre en la luna (Mond)
4. 1.1.1986	**d** nacimiento de Cervantes
5. 18.07.1936	**e** la entrada de España al mercado común (comunidad europea)
6. 20.07.1969	**f** la revolución francesa
7. 29.09.1547	**g** el descubrimiento de América por Cristóbal Colón
8. navidad	**h** el inicio de la Guerra Civil española

5. *Escribe con letras*
Schreibe in Buchstaben

1. 02.04.1964 ....
2. 17.06.1953 ....
3. 20.07.1944 ....
4. 12.12.1212 ...el doce de diciembre de mil doscientos doce...
5. 13.10.1992 ....
6. 30.09.1939 ....
7. 29.02.1764 ....
8. Tu cumpleaños (dein Geburtstag) ....

TEORÍA

Verben in verschiedener Bedeutung

Cobrar

¡Me cobra, por favor! (Zum Kellner) Zahlen, bitte!

¿Cuánto cobras al mes? Wieviel verdienst du im Monat?

He venido a cobrar la luz. Ich bin gekommen, um die Stromrechnung (das Licht) zu kassieren.

Contar

¿No quieres contarme algo? Willst du mir nicht was erzählen?

Usted no sabe contar, son sólo 800 ptas. Sie können nicht zählen, es sind nur 800 Peseten.

Ir

Ibamos cuatro en el coche. Wir waren zu viert im Auto.

Los documentos iban dentro. Die Papiere waren drin (im Wagen).

¿Quién iba? Wer war dabei? (im Auto)

Sentir

Hoy no me siento bien. Heute fühle ich mich nicht gut.

Se ha muerto mi cuñado. – Hombre, lo siento. Mein Schwager ist gestorben. – Mann, das tut mir (aber) leid.

Quedar

No tengo ganas de salir. Me quedo en casa. Ich habe keine Lust rauszugehen. Ich bleibe zu Hause.

Hemos quedado en la puerta del teatro. Wir haben uns vor dem Theater verabredet.

Meter

Voy a meter el vino en la nevera. Ich werde den Wein in den Kühlschrank stellen.

Hombre, no me meto contigo. Mann, ich lege mich (ja gar) nicht mit dir an.

Für das deutsche «werden» gibt es, je nach Situation, drei Entsprechungen:

1. Hacerse

Antonia se ha hecho maestra. Antonia ist Lehrerin geworden.

2. Ponerse

Se ha puesto rojo como un tomate. Er ist rot wie eine Tomate geworden.

3. Volverse

Charo se ha vuelto loca. Charo ist verrückt geworden.

6. *Preposiciones*
Präpositionen

1. Mi abuelo suele echar la siesta ..de las.... 3 ..a las.... 4 y media.

2. Los domingos no me levanto .... las once.

3. Juan está .... Santander.

4. Mañana vamos .... Córdoba.

5. .... dos de febrero no puedo venir.

6. .... agosto el museo queda cerrado.

7. .... desayuno me voy a la cama otra vez.

8. Me muero .... hambre.

9. .... aquí no hay teatros.

10. Tengo una carta .... ti.

(para, por, hasta, de, antes de, antes de, en, a, de ... a ..., después de)

7. *Traducción*
Übersetzung

1. Das Kind kann schon rechnen. **2.** Zahlen, bitte! **3.** Immer legst du dich mit mir an. **4.** Warum ist sie zu Hause geblieben? **5.** Zu dritt fuhren wir in dem SEAT. **6.** Wir sind um vier am Bahnhof verabredet. **7.** Uiii, das macht mich verrückt. **8.** Meine Schwester ist Ärztin geworden. **9.** Fühlst du dich nicht gut? **10.** Was? Gestorben? Das tut mir leid.

TEORÍA

Betonte Possessivpronomen

Mío mía	mein/e , der/die meinige
Tuyo tuya	dein/e ...
Suyo suya	sein/e, ihr/e, Ihre/e ...
Nuestro /a	unser/e ...
Vuestro /a	euer/ eure
Suyo/suya	ihr/e, Ihr/e

Este libro es tuyo. Dieses Buch ist dir (deins).

Hago lo mío y no me meto contigo. Ich tue das meinige (meinen Kram) und mische mich nicht bei dir rein.

Mío, tuyo, suyo etc. stehen **nach dem Hauptwort** oder alleine. Die Formen sind veränderlich (**-o, -a, -os, -as**)

Mañana viene una amiga nuestra. Morgen kommt eine Freundin von uns.

Señores, si quieren venir con algunos amigos suyos a la fiesta – no hay problema. Meine Herrschaften, wenn Sie mit Freunden von Ihnen zum Fest kommen möchten – kein Problem.

Das selbständige Pronomen im Dativ und Akkusativ

Hier haben **Dativ** und **Akkusativ** die gleiche Form:
¿A quién llama? **A ti.**
Wen ruft er? Dich.
¿A quién ha escrito la carta? **A ti.**
Wem hat er einen Brief geschrieben? Dir.

A mí	mir/mich
A ti	dir/dich
A él	ihm/ihn
A ella	ihr/sie
A usted	Ihnen/Sie
A nosotros/as	uns
A vosotros/as	euch
A ellos ihnen (männl.)	sie
A ellas ihnen (weibl.)	sie
A ustedes	Ihnen/Sie

8. *Contesta con sí o con no*

1. ¿Estos son los cigarrillos de Carmen?

....

2. ¿Este coche es de Paco?

No, no es suyo.

3. ¿Esta casa es del señor García?

....

4. ¿Estas son las hijas de Antonio?

....

5. ¿Este es el piso de tu amiga Rosario?

....

6. ¿Estos son los regalos de tu madre?

....

7. ¿Esta es la cámara de vídeo de ustedes?

....

9. Setzen Sie ins Pretérito imperfecto

1. Sé que en el banco no trabajan.

....

2. Tengo que llamar por teléfono.

Tenía que llamar por teléfono

3. Llevo una carta urgente (eilig).

....

4. Mi coche está en la calle Sotelo.

....

5. Quiero hacer una pregunta.

....

6. No quedan plazas.

....

7. Es difícil encontrar un sitio.

....

8. El señor no me puede informar.

....

9. Hay un problema.

....

10. El compañero no está en este momento.

....

TEORÍA

Redundancia
Redundanz
Das gleiche wird sprachlich durch mehrere Elemente ausgedrückt.

A mí me gusta ...	Mir gefällt ...
A ti te va bien ...	Dir steht ...
A él/ella/usted le escribe.	Ihm/ihr/Ihnen schreibt er.
A nosotros nos llaman.	Wir werden gerufen.
A vosotros os pregunto.	Euch frage ich.
A ellos/ellas/ustedes pide un consejo.	Sie bittet sie/Sie um einen Rat.

Zur besonderen Betonung der Person stehen häufig zwei Pronomen gleichzeitig: das **unbetonte** vor dem Verb, das **betonte** am Satzanfang oder -ende.

Eso no lo cambiamos aquí.	Das tauschen wir hier nicht um.
Esto lo tiene que declarar.	Das müssen Sie angeben.

Bei Sachen steht esto, eso, aquello statt des betonten Pronomens.

¡Ojo!

¿Qué más da?	Was ist schon dabei?
¿Entonces qué?	Na und?
¿Y qué?	Na und?
Es lo mismo.	Das ist gleich.
Se me ha olvidado.	Ich habe vergessen.

10. Schreiben Sie Dialoge

1. A möchte auf der Bank Geld wechseln, es ist Freitag mittag. **B**, der Angestellte, hat keine Lust, es ist bald Mittagspause, und auf der Zentrale haben sie eh mehr Peseten flüssig.

2. Sie kommen durch den Zoll. Der Zöllner findet in Ihrem Koffer einen Fotoapparat. Sie sollen ihn verzollen. Der Apparat ist aber schon vier Jahre alt, und Sie haben ihn legal gekauft. Der Zöllner ist stur.

11. Fragen Sie besonders betont

1. El coche, pertenecer, tú ......¿El coche te pertenece a ti?
2. Lo que dice Luis, gustar, vosotros ....
3. Juan, escribir la carta, ella ....
4. Esto, usted decir, yo ....
5. Yo, llamar, tú ....
6. Esto, no parecer bien, nosotros ....
7. El señor, preguntar, ustedes ....
8. La comida, no gustar, ellas ....
9. El jefe, dar más dinero, tú ....
10. Carlos, no haber dicho nada, yo ....
11. Yo, haber visto, él ....

12. Partnerinterviews

1. ¿Qué día es tu cumpleaños (Geburtstag) ?
2. ¿Cuándo vas a España?
3. ¿Sabes cuándo son la vacaciones de verano, de navidad, de Semana Santa (Karwoche)?
4. ¿Prefieres la primavera o el otoño?
5. ¿Cuándo has empezado a aprender español?

LECTURA

¡AYY, LOS BANCOS!

Fortunato Fuertes está de viaje. Le ha mandado su padre a Valencia para cobrar 50.000 pesetas. Cuando los clientes no pagan, hay que ir personalmente. Fortunato aprovecha para quedarse dos días. Cuando llega, deja sus cosas en una pensión[1] y va a ver a ese señor. El señor no está en casa y no vuelve hasta la tarde … . Sólo lleva dos mil pesetas y ya se le van[2] seiscientas en la comida. Cuando vuelve está el señor por fin[3]. Pero no tiene dinero y le paga con un cheque. Dice que no hay ningún problema: «En todos los bancos[4] lo puede cobrar.»

Pero así de fácil no es. Como son las cuatro y media ya están los bancos cerrados. Por la noche Fortunato va al cine y después – le quedan mil cien pesetas – va a comer algo barato: una hamburguesa con patatas fritas.

Al día siguiente[5] va a desayunar y entra en el primer banco que encuentra. Pero parece que sí que[6] hay problemas: «Este cheque es del Banco de Santander. Usted tiene que cobrarlo en una sucursal de ese banco.» Son las once y media ya y para no perder más tiempo Fortunato coge un taxi.

Cuando entrega el cheque parece que hay otro problema: «Espere un momento que tengo que mirar si este cheque tiene fondos[7].» A los cinco minutos vuelve el señor diciendo que el ordenador[8] no funciona: «¡Venga dentro de una hora y se lo arreglo sin problemas!» Fortunato aprovecha para tomar otro café. A la una y media el ordenador sigue sin funcionar[9]. Fortunato sale para llamar a casa. No hay nadie. Sólo el contestador automático[10]. Ha echado una moneda de cien pesetas, y claro, el teléfono se la ha tragado[11].

Vuelve al banco, pero nada. No hay manera[12], de cobrar este cheque:
«Si no funciona el ordenador, ¿por qué no llama por teléfono?»
«Porque no sirve de nada.»
«¿Pero, yo qué hago? No tengo dinero para todo el fin de semana.»
«A ver si algún amigo le presta algo …»
«Yo soy de Murcia y aquí no conozco a nadie.»
«Pero, ¿usted dónde vive, aquí en Valencia?»
«¿A usted qué le importa?»
«Pues, si se pone así, no le atiendo. A ver si en otro banco le pagan.»
«¡Pero este cheque lleva el nombre de este banco!»
«Lo siento, ya son las dos, vamos a cerrar ya …»
«¡¡A la mierda[13]!!»

¿Sí o no?	sí	no
1. Fortunato ha ido a Murcia.	■	■
2. Se queda dos días en Valencia.	■	■
3. Por la mañana va al banco.	■	■
4. Es fácil cobrar el cheque.	■	■
5. El ordenador no funciona.	■	■
6. Fortunato se queda sin dinero.	■	■

1 **la pensión** die Pension
2 **se le van … en …** es gehen ihm … drauf für …
3 **por fin** endlich
4 **todos los bancos** alle Banken
5 **al día siguiente** am nächsten Tag
6 **parece que sí que** es scheint doch, daß
7 **tener fondos** gedeckt sein (beim Scheck)
8 **el ordenador** Computer
9 **sigue sin funcionar** geht immer noch nicht
10 **el contestador automático** automatischer Anrufbeantworter
11 **tragar** schlucken
12 **no hay manera** es ist nicht möglich
13 **a la mierda** 〈 ! 〉 zum Teufel, scheiß drauf

TEST 4

1. *Comprensión auditiva*

Sie hören ein Gespräch zwischen Pili und Sonia. Kreuzen Sie beim Hören an, ob die Aussagen über dieses Gespräch richtig oder falsch sind. Hören Sie die Übung, wenn erforderlich, ein zweites Mal:

	correcto	**falso**
1. Sonia quiere hablar con Pili.	☐	☐
2. Sonia no tiene problemas con Pili.	☐	☐
3. Pili quiere hablar en un bar o en un café.	☐	☐
4. Antes Sonia y Pili pasaban más tiempo juntas.	☐	☐
5. No tenían mucha relación.	☐	☐
6. Ahora Pili tiene mucho tiempo para Sonia.	☐	☐
7. Pili no tiene mucho trabajo.	☐	☐
8. Sonia dice que Pili tiene tiempo los fines de semana.	☐	☐
9. Pili prefiere quedarse en casa.	☐	☐
10. Sonia no está desilusionada (enttäuscht).	☐	☐

2. *Comprensión auditiva*

Sie hören acht Sätze. Tragen Sie die fehlenden Wörter ein:

1. La vida en un .... no es nada fácil.

2. Muchas veces la cocina está fatal porque no se limpia .... y tampoco se compra comida.

3. Cuando uno .... una botella de vino, se toma ....

4. Uno no puede estudiar porque el otro llega con sus .... a las once de la noche.

5. Y el otro no puede traer a sus amigos porque el uno ....

6. Cuando hay problemas .... , es muy difícil.

7. Nadie puede ir a vivir ....

8. Pero a veces la vida en un piso compartido es ....

3. Welches Wort paßt? Machen Sie ein Kreuzchen:

1.Paco, ... hacerte una pregunta.

- a quieres
- b quería
- c queraba

2. Cuando yo ...... joven.

- a ero
- b sería
- c era

3. En 1989 ...... en San Sebastián.

- a vivíamos
- b vivábamos
- c viviendo

4. Antonio, quiero ...... una cosa.

- a te decir
- b decirte
- c te digo

5. ¡Ya ...... dicho mil veces!

- a te lo he
- b hetelo
- c haberte

6. Mi jefe quiere ...... a Moscú.

- a me mando
- b me manda
- c mandarme

7. ¿El regalo para Manuel? Ya ...... he dado.

- a le lo
- b se lo
- c lo le

8. Señor, ... digo otra vez.

- a se la
- b le lo
- c se lo

9. Hombre, ¿qué estás ...... ?

- a dices
- b diciendo
- c dicando

10. No tengo tiempo . Mi padre ...... esperando.

a me está
b está me
c me estoy

11. Oye, ¿qué estás ...... ahora mismo?

a haces
b hacer
c haciendo

12. ...... de recibir una llamada telefónica.

a Estoy
b Voy
c Acabo

13. Amador sigue ...... conciertos en la calle.

a diendo
b dando
c tocar

14. Señora, ... no poder ir.

a siente
b sentimos
c sentir

15. ¿A ti ...... gustan los punkis?

a te
b me
c se

16. A Paco, no ...... han invitado.

a se
b me
c le

17. ¿La política? A ...... no me importa nada.

a me
b yo
c mí

18. El trece ...... 1994.

a de enero
b enero
c de enero de

4. Wie lautet die einzig sinnvolle Antwort?

1. ¿Qué te parece si vamos a tomar un café?

- a Bueno, de acuerdo.
- b No me gusta el vino.
- c No me parezco.

2. ¿Qué estás diciendo?

- a Te digo que no lo veo así.
- b No estoy haciendo nada.
- c ¡Qué dices!

3. ¿Estás enfadado conmigo?

- a No salgo contigo.
- b No estamos endadados.
- c ¡No, hombre, no!

4. ¿Quieres bajar la tele?

- a No tenemos tele.
- b Ya la bajo.
- c No quiero ir.

5. ¿Qué coche tiene usted?

- a Tengo un coche.
- b Me conoce usted.
- c Es un Ford Fiesta.

6. ¿Me puede informar de una tarifa?

- a Aquí no informamos.
- b Esto es la estación.
- c Hacemos reservas.

7. ¿Cuándo empieza el curso?

- a El tres de setiembre.
- b No ha empezado todavía.
- c Lo sé.

8. Usted, ¿cómo se llama?

- a No lo veo.
- b Hace frío en la calle.
- c Se me ha olvidado.

9. ¿No sabías que la oficina está cerrada?

- a Se me ha olvidado.
- b No sé si está cerrada.
- c Llamo por teléfono.

10. ¿Qué desea?

- a Quería hacer una pregunta.
- b No traigo dinero.
- c Tengo que ir a la central.

11. ¿Qué día quería volver?

- a Cuánto vale la ida y vuelta?
- b No voy en tren.
- c El 25 de este mes.

12. ¿Cuánto sale sólo la ida?

- a Aquí no hacemos reservas.
- b También puede pagar con un cheque.
- c Depende del día.

13. ¿Me abre su maleta por favor?

- a No tengo mucho trabajo.
- b Claro que sí.
- c Esa es mía.

14. ¿Fecha de nacimiento?

- a Usted, ¿cómo se llama?
- b Mañana voy otra vez.
- c El 5 de febrero de 1957.

15. ¿Qué es lo que te molesta?

- a Salimos mucho.
- b Antes salíamos mucho.
- c Nada, todo está perfecto.

16. ¿Estás enfadado conmigo?

- a No estoy muy atareado.
- b Tengo mucho trabajo.
- c ¡Qué va! No hay ningún problema.

17. ¿Por qué no puedes estudiar durante el día?

- a No trabajo de noche.
- b Eso es asunto mío.
- c No tengo exámenes.

18. ¿Ya no me quieres?

- a No te veo cambiada.
- b Ahora te quiero.
- c Sí, sí, te quiero mucho.

19. ¿Por qué vienes tan tarde?

- a Hace buen tiempo.
- b ¿Cómo estás?
- c Es asunto mío.

20. ¿No tengo derecho a salir?

- a Tu madre te está esperando.
- b Por supuesto, pero ...
- c Entonces no puedo salir.

Test 4 – Gesamtpunktzahl aller richtigen Antworten:

CHEQUEO

Deutsch – Spanisch

Dieses Glossar kann kein Wörterbuch ersetzen, dazu ist es nicht vollständig genug. Aber es kann dann helfen, wenn einem ein Wort aus den Texten nicht einfällt. Aufgeführt ist in der Übersetzung immer nur der Zusammenhang, in dem das entsprechende Wort im Buch vorkommt. Ein Wort wie *la manzana* kann je nachdem *der Apfel* oder *der Häuserblock* bedeuten, hier in diesem Buch kommt es aber nur als *Apfel* vor. In arabischen Zahlen steht hinter dem spanischen Wort das Tema, in dem die Vokabel zum erstenmal vorkommt. Das **L** hinter der Zahl sagt, daß das Wort im Lectura-Text auftaucht. Die spanischen Hauptwörter haben alle ihren Artikel **el** oder **la**. Begriffe, die zumeist im Plural vorkommen, haben entsprechend **los** oder **las**. Steht ein ⟨ ⟩ oder ein ⟨ **!** ⟩ hinter dem Ausdruck, so bedeutet das familiär bzw. vulgär.

A

Abendessen la cena **2**
abends por la noche **6**
aber pero **2**
abnehmen (Gewicht) adelgazar **5**
abwechseln variar **4**
Achtung la atención **5**
Ahnung, keine - ni idea **1**, yo que sé **6**
alle todos **7**, **-s** todo **5**, **- Art von** todo tipo de **5**
alleine solo/a **3**
also entonces **2**
anderes (etwas) otra cosa **5**
andernfalls si no **4**
Anfang el principio **5**
anfangen empezar **1**, **7**, **- zu arbeiten (in Fabrik, Büro etc.)** entrar **6**
Angebot, im - sein estar en oferta **2**
angebrannt quemado/a **4**
Angelegenheit el asunto **7**

angenehm agradable **3**
Angestellte la chica **6**
ankommen llegar **3**
Anleitungen las instrucciones **3**
anprobieren probarse **2**
Anrufbeantworter el contestador automático **8 L**
anrufen llamar por teléfono **1**
anstelle von en lugar de **7**
Apfel la manzana **4**
Apotheke la farmacia **1**
Appetit (guten -) que aproveche **4**
Appetizers los entrantes **4**
apropos a propósito **8**
arabisch árabe **2 L**
arbeiten trabajar **3**
Arbeit el trabajo **3, -samt** la oficina de empleo **8, -sessen** la comida de trabajo **4 L**
ärgern, sich - über enfadarse con **7**
Arm el brazo **5**
Art und Weise la manera **3**
Arzt el médico **1**
atmen respirar **5**
auch también **2 L - nicht** tampoco **6**
auf alle Fälle de todos modos **5**
aufgewärmt calentado/a **6 L**
aufhören zu terminar de **7**
aufstehen levantarse **5**
ausfallen fallar **8**
Ausgang la salida **1**
ausgehen salir **6**
aushalten aguantar **5**
aushändigen entregar **8**
Ausnahme la excepción **8**
ausruhen descansar **6**
Ausruhen el descanso **6**
aussehen (gut) estar muy guapo/a **3, (schlecht)** tener mala cara **6**
Aussehen el aspecto **5**
außerdem además **3**
aussteigen bajar **7**
Ausweis el carnet **4**
Auto el coche **6**
Avantgarde la vanguardia **4 L**

B

Bäckerei la panadería **2**
Bad el baño **7, -ezimmer** el cuarto de baño **7**
Bahnhof la estación de trenes **1**
Bank el banco **2 L**
Basar el bazar **2**
baskisch vasco/a **4**
Bauch el vientre **5**
beachten hacer caso **7**
bedienen atender **8**
beenden terminar **4**
bei sich haben llevar **2**
Bein la pierna **5**
beinhalten llevar dentro **8**
bekannt vorkommen sonar **3**
beklagen quejar **6**
bekommen ir bien **5**
Benzin la gasolina **1**
Beruf el oficio **3**
beruhigend relajante **5**
beschäftigt atareado/a **7**
Bescheid sagen avisar **8**
Besitzer el dueño **7**
besonders especial **8**
besser mejor **8**
bessern mejorar **5**
besuchen visitar **1 L**
bewegen mover **5**
beziehen, sich - auf referirse/a **5**
Bier la cerveza **2**
billig barato/a **2**
bis hasta **6**
Biskuits los bizcochos **2**
Biskuitteilchen la madalena **2**

bitte por favor **1**
blau azul **2 L**
bleiben quedar **4**
Blitzlicht el flash **8**
blond rubio/a **1**
Blutdruck la tensión, **- messen** tomar la tensión **5**
Bote el mensajero **8**
brauchen necesitar **2**
braun (Haut) moreno/a **3/5**
braun werden ponerse moreno/a **5**
Bräutigam/Freund el novio **3**
Brechreiz los vómitos **5**
bringen (her) traer **4**
bringen (hin) llevar **1**
Brot el pan **2, (Laib)** la barra **4, belegtes -** el bocadillo **4, Voll-korn-** el pan integral **2**
brut brut **3**
brutzeln/braten freír **4**
Buch el libro **5**
Bürgerhaus la casa de la cultura **8**
Büro el despacho **8**
Bürokratie la burocracia **8**
Bus el autobús **1**
Butter la mantequilla **4**

C

Cabriolet el descapotable **4 L**
Café/Cafeteria la cafetería **5 L**
Champagner el champán **3**
Champignons los champiñones **2**
Chef el jefe **3**
Cognac el coñac **4**
Computer el ordenador **8 L**

D

da (Konj.) como **6 L**
dafür para eso **6 L**
Dame la señora **2, -nabteilung** la sección de señoras **2**
danach después **4**
danke gracias **1**
dann pues **1**
decken (Tisch) poner la mesa **4**
dein tuyo/a **8**
denken pensar **4**
deprimiert deprimido/a **7 L**
deswegen por eso **5**
deutsch/Deutscher alemán **1**
Diät machen hacer una dieta **5**
dick gordo/a **5**
die la **1**
dieser este **2**
direkt directamente **6**
diskutieren discutir **2**
Dokument el documento **8**
Dorf el pueblo **1**
dort ahí **1**, allí **3, - irgendwo** por ahí **7**
Dose la lata **7**
dran sein tocarle a uno **6 L, 7**
draußen fuera **8**
drei Viertel tres cuartos **6**
dritte/r tercero /a **3**
Dummheit la tontería **5**
dunkel/schwarz negro **3**
Durchlauferhitzer el calentador **7**
duschen ducharse **6**
Dutzend la docena **2**

E

echt original **2**
Ecke la esquina **6**
egal sein dar igual **7,** pasar de **4**
Ehemann el marido **4**
Ei el huevo **1, -erkuchen** la tortilla **4**
Eindruck la impresión **7**
eineinhalb Kilo y medio kilo **2**
einfach simplemente **7**
eingeladen sein estar invitado/a **3**
einige unos/unas **2**
Einkaufen, beim - de compras **2**
einladen invitar **4**
einmalig único **5**
einschreiben, sich - inscribirse **8**
Einschreibung la inscripción **8**
einsteigen subirse **3**
Eintopf el cocido **2,** el potaje **4**
eintreten entrar **3**
Eintritt la entrada **4**
einverstanden de acuerdo **3**
Eis el helado **1**
Eistorte la tarta helada **4**
ekelhaft ⟨ ⟩ qué asco **4**
Eltern los padres **3**
empfehlen recomendar **4**
Ende el final **8**
enden terminar **7**
endlich por fin **8 L**
enthaaren depilar **5**
entschuldigen perdonar **1, 3**
Entschuldigung el perdón **1**
enttäuscht sein quedarse desilusionado **3**
entweder ... oder ... o ... o ... **7 L**
entzücken encantar **4**
Entzündung la infección **5**
er él **3**
Erdbeeren los fresones **4**
erhalten recibir **7**
Erkältung el resfriado **5**
erkennen reconocer **3**
erklären declarar **8**
erlangen conseguir **6**
Ermäßigung la reducción **8**
ermüden cansarse **5**
ernsthaft en serio **4**
erreichen alcanzar **6**
erster primer **4**
ertragen soportar **5**
essen comer **1, zu Abend -** cenar **7**
Essen la comida **5**
Etat (Haushaltsgeld) el presupuesto **6**
etwas algo **2**
euer vuestro/a **3**

F

Fabrik la fábrica **6 L**
Fahrkarte el billete **2**
fallen (Treppe runter-) caerse por las escaleras **5**
falls si **4**
Familie la familia **7**
Fan aficionado/a **6**
fast falta poco **7**
fehlen faltar **4 L,** hacer falta **3,** fallar **8**
Fenster la ventanilla **8**
Ferien las vacaciones **6**
Fernsehen la tele **7**
fernsehen ver la televisión **6**
Fest la fiesta **3**
Fieber la fiebre **5**
Filet el filete **4**
Filiale la sucursal **8**
Film la película **6**
finden encontrar **3**
Finger el dedo **4**
Fisch el pescado **4**
Fitness-Center el gimnasio **5**
Flasche la botella **3**
Flughafen el aeropuerto **1**
Flugzeug el avión **1**
Flur el pasillo **8**
Folge (Filmserie) el episodio **7**
folgen seguir **7**

G

H

haben haber (Hilfsverb) 4, tener **6**
halbes Kilo medio kilo **2**
halbtrocken semiseco **3**
Hälfte la mitad **2**
hallo hola, qué tal, qué hay, qué pasa **3**
Hammer, was ein - qué disparate ⟨!⟩ **2**
Hand la mano **3**
handeln regatear **2**
hart duro/a **4**
Haufen ... una pila de ... **3**
Hauptgang el plato fuerte **4**
Haus la casa **2**
Haushaltsgerät el aparato electrodoméstico **3**
Haut la piel **5**
heiß (sein) hacer calor **1**
heißen llamarse **3**
helfen ayudar **6**
hell (Tabak) rubio **3**
Herr el señor **2**
heute hoy **1, - nacht** esta noche **2**
hier aquí **1, 4**
hierin/-bei en esto **3**
Hin- und Rückfahrt la ida y vuelta **2**
hinten al fondo **4**
Hitze el calor **1**
hoch alto/a **5**
holländisch holandés/a **8**
hören Sie oiga **3**
Hose el pantalón **2**
Hotel el hotel **1**
hübsch guapo/a **3**
hundert cien **2**
Hunger el hambre **4**
Husten la tos **5**

I

ich yo **2, - weiß nicht** no sé **1**
Idee la idea **3**
ihm le **2 L**
illegal ilegal **2 L**
immer siempre **3, - das gleiche** siempre lo mismo **1 L**
in (in Mode) de moda **4 L**
in en **1**
informieren informar de **8**
Ingenieurswesen la ingeniería **3**
innen dentro **8**
Interesse an el interés en **3**
irgendein/ein algún **3**

J

Jahr el año **3**
jedenfalls de todas maneras **3**
jeder cada **5**
jemand alguien **7**
jene esa **4, -r** aquel/la **4,** ese **4**
jetzt ahora **1**
Joggen el footing **5**
Juni el junio **8**

K

Kabine la cabina **1**
Kaffee trinken tomar café **2**
Kakaopulver el Colacao **4**
kalt frío **1, kalt (sein)** hacer frío **1**
Kamerad el compañero **6**
Kamillen(tee) la manzanilla **5**
kaputt roto/a **5**
Karamelpudding el flan **4**
Karte la carta **4**
Kartei el fichero **8**
Kartoffel la patata **2**
Karton el paquete **2**
Käse el queso **2**

L

M

Maschine la máquina **5**
Massage el masaje **5**
Masseur el masajista **5**
mehr oder weniger más o menos **8**
mein mío/a **7**
Melone el melón **2**
Messer el cuchillo **4**
Milchreis el arroz con leche **4**
minderjährig menor **8**
Mineralwasser el agua mineral **4**
Minute el minuto **1**
mir a mí **3**
mit con **3, - dir** contigo **7, - mir** conmigo **7**
Mittagessen el almuerzo **6**
Mittagsschläfchen (halten) (echar) la siesta **6**
Mittel el remedio **6**
Mode la moda **4 L**
möglich, es ist nicht - no hay manera de **8 L**
Momentchen el momentito **2**
Morgen la mañana **4, - abend** mañana por la noche **2, - früh** mañana por la mañana **1, -s** por la mañana **4, -s spät** a media mañana **6**
müde cansado/a **3**
Mühe lohnen merecer la pena **7**
Mund la boca **4**
Münze la moneda **1**
Muschel el mejillón **2**
müssen tener que **5**
Mutter la madre **3**

N

Nachbar/in el vecino / la vecina **7**
Nachmittag la tarde **3**
nächste Woche la semana que viene **3**
Nacht la noche **1, -s** por la noche **1 L**
Nachtisch el postre **4**
Nägel lackieren pintar las uñas **5**
nahe cerca **1**
neben ... al lado de **4**
nebenan al lado **2**
nehmen tomar **2**
nerven dar la lata ⟨!⟩ **7**
neu nuevo/a **2**
nicht no **1, - mehr** ya no **2**
nichts nada **4, - sonst** nada más **2**
nie nunca **5**
niemand nadie **3**
nirgendwo a ninguna parte **3**
noch todavía **4**
normal normal **8, normalerweise** normalmente **6**
Nummernschild (Auto) la matrícula **3**
nur sólo **2**
nutzen aprovechar **3**

O

obendrauf/außerdem encima **5**
Obst la fruta, **- der Saison** la fruta del tiempo **4, -salat** la macedonia **4**
oder o **1**
Ofen el horno **4**
offen abierto/a **4**
öffnen abrir **8**
oft muchas veces **7**
ohne sin **4**
okay/in Ordnung vale **1**
Orange la naranja **4**
Ordnung, in - bringen arreglar **7**
orientalisch oriental **2**
originell original **4**
Ort/Platz el sitio **3**

P

Päckchen el paquete **3**
Papier el papel **8**
Paradies el paraíso **5**
Pärchen la pareja **7**
parken aparcar **8**
passiert pasado **4**
pensión die Pension **8 L**
perfekt perfectamente **7**
Personalausweis el D.N.I. (Documento Nacional de Identidad) **8**
Pfirsiche in Sirup los melocotones en almíbar **4**
phantastisch fantástico/a **3**
Platz la plaza **1**, **Plätze** las plazas **8**
politisch políticamente **6**
Polizei la policía **4**
Pommes frites las patatas fritas **4**
portugiesisch portugués **3**
Post correos **8**
Preis el precio **2**
probieren probar **4**
Problem el problema **2**, **7**, **kein -** no hay problema **2**
Produktion la producción **4 L**
produzieren producir **5**
Prüfung el examen **7**

Q

Quittung el resguardo **8**

R

Rambazamba la juerga **7**
Ratschlag el consejo **5**
rauchen fumar **3**
Raum el espacio **6**
rausgehen salir **5**
rausschmeißen echar **7**
Rechnung la cuenta / la dolorosa **4**
(ein) Recht haben tener derecho **7**
rechts a la derecha **1**
rechtzeitig a tiempo **6**
Rede, keine - ni hablar **2**
reden charlar **6**
reichen pasar **4**
Reihenhaus el chalet adosado **6**
Reis el arroz **4**
Reise el viaje **2**, **-büro** la agencia de viajes **2**
Rippe la costilla **5**
Röntgenbild la radiografía **5**
rot rojo/a **2**
Rotbarsch el besugo **4**
Rücken la espalda **5**
ruhig tranquilamente **7**
runtergehen bajar **7**

S

Sache la cosa **4**
sagen decir **3**
Sahne la nata **4**
Salat la ensalada / la lechuga **4**
Salz la sal **4 L**
Sangria la sangría **3**
Sardine las sardina **2**
saubermachen limpiar **5**
Schallplatte el disco **2**
schämen/genieren dar vergüenza **5**
Schatz el tesoro **4**
schau mira **1**
Scheck el cheque **5**
scheinen parecer **3**, **8 L**
schicken mandar **3**, **- mit ...** mandar por **8**
Schiffsticket el billete de barco **3**
schlafen dormir **5**
schlecht/übel malo/a **5**
schlimm grave **5**
Schluß jetzt ya está 〈 〉 **4**
Schlüssel la llave **7**
schmerzen doler **5**

Schmerzen los dolores **5**
schnell rápidamente **4,** **sehr -** rapidísimo **8**
Schnitzel el escalope **4**
schnurzpiepegal sein importar un bledo ⟨ ⟩ **7**
Schönheitssalon el centro de belleza **5**
Schrank el armario **3**
schreiben escribir **7**
Schwager/Schwägerin el/la cuñado/a **6**
schweigen (Mund halten) callarse **4, 7**
schwer pesado **2**
Schwester la hermana **3**
Schwiegereltern los suegros **6**
schwierig complicado **1,** difícil **6**
Schwimmbad la piscina **5**
Schwimmen la natación **5**
Science-fiction la ciencia ficción **6**
Seehecht la merluza **2**
sehen ver **4**
sehr muy **1, - gut** buenísimo/a **4**
sein/ihr/Ihr su (vorgestellt) **3**
sein/ihr/Ihr suyo/a (nachgestellt) **8**
seit langer Zeit hace mucho tiempo **3**
seit wann ... cuánto tiempo hace que .. **3**
Seite el lado **1 L**
selbst/gleich mismo/a **3**
selbstverständlich por supuesto **2**
seltsam raro/a **7**
September setiembre **8**
servieren servir **4**
setzen, sich - sentarse **6**
setzen/stellen/legen meter **3**
sicher seguro/a **8**
Sie usted **1**
siebenhundert setecientos/as **2**
Sirup/Saft el jarabe **5**
Ski el esquí **5**
so así **4, - sehr** tan **3**
sofort en seguida **1**
Sohn el hijo **6**
Sonnenbank el solario **3**
Sonntag el domingo **3**
sonst noch etwas algo más **2**
Sorgen machen preocuparse **5**
soviel/e tanto/a **2**
spät tarde **3, -er** luego **1**
Spätlese la reserva **8**
Spiegeleier los huevos fritos **4**
spielen jugar **4, Instrument -** tocar **2 L**
Sport el deporte **5**
sprechen hablar **4**
Sprudel gas **4**
spülen fregar **6**
Stange (Zigaretten) el cartón **5**
stehlen robar **8**
sterben morir **5,** morirse **4**
stören molestar **7**
Strand la playa **3**
Straße la calle **1**
streiken estar en huelga **8**
Student/-in el/la estudiante **8**
studieren/lernen estudiar **7**
Stunde la hora **5**
suchen buscar **8**
Supermarkt el supermercado **2**
Süßwaren los pasteles **5**
Symptom el síntoma **5**

T

Tabak el tabaco **3**
Tablette la pastilla **4**
Tag el día **1, guten -** buenos días **1,** buenas tardes **2**
Tagesklinik el centro de salud **5**
Tankstelle la estación de servicio / la gasolinera **1**
Tarif la tarifa **8**

Täßchen la tacita **5**
Taxi nehmen coger un taxi **1 L**
technisch técnico/a **3**
Telefon (öffentlich) el teléfono público **1**
telefonisch por teléfono **3**
Teller/Gang el plato **4**
Tennis el tenis **5**
Termin machen pedir hora **5**
teuer caro/a **1, teuerst** carísimo/a **8**
Theater el teatro **3, -gruppe** el grupo de teatro **3**
Thunfisch el atún **4**
Tiefkühltruhe el congelador **2**
Tierarzt el veterinario **1**
Tisch la mesa **4, - decken** poner la mesa **4**
Toast la tostada **4**
Tochter la hija **6**
Tourist el turista **2 L**
Treppe las escaleras **5**
trinken beber **4, einen - gehen** tomar una copa **6**
Tür la puerta **3**
tut mir leid lo siento **1**
Tüte la bolsa **2**

U

U-Bahn el metro **6**
übel malo/a **5**
Übelkeit los mareos **5**
über encima de **8**
über(drüssig) harto **4**
überall en todos lados **2**
überhaupt nicht qué va **3**
Übersetzer el traductor **3**
uiii uyyy **2 L**
umbringen matar **3**
unser nuestro/a **3**
Urlaub, in - fahren ir de vacaciones **6**

V

Vagabund el vagabundo **2**
verabreden quedar en **3 L**
verdammt jolines 〈 〉 **7**
vergessen olvidar **8**
Verhältnis la relación **7**
verheiratet casado/a **6**
verkaufen vender **2**
verloren perdido **5**
verrückt loco/a **3**
verschreiben (Medizin) recetar **5**
Versicherung el seguro **8**
verstehen entender **1**
Video el vídeo **6, -kamera** la cámara de vídeo **8**
viel mucho **4, -en Dank** muchas gracias **1**
Viertel un cuarto **2, 4**
Viertelstunde cuarto de hora **5**
vierzig cuarenta **2**
voll a tope 〈〉 **3**
Vollkasko a todo riesgo **8**
Vollkornbrot el pan integral **2**
von ... bis ... de ... a ... **6**
vor antes de **6**, **- drei Wochen** hace tres semanas **5**
vorbeigehen pasar **3**
vorbereitet preparado **4**
Vorspeise los entrantes **4**
vorziehen preferir **7**

W

wach despierto **6**
Wahl, keine andere - haben no tener más remedio **6**
während durante **7, -dessen** mientras **4**
Wahrheit la verdad **7**
warm/heiß caliente **5 L**

wärmen calentar **4**
warten esperar **2**
warum por qué **1**
was qué **5, - für ein/e ...** qué clase de **6, - wollt ich mehr** qué más quisiera yo **5**
Wasser el agua (fem.) **4**
Wechsel el cambio **1**
wechseln cambiar **2**
weder ... noch ... ni ... ni ... **2**
weggehen/ziehen marcharse **7 L**
wegnehmen quitar **5**
Weile el rato **6**
Wein el vino **2**
Weinhandlung la bodega **3**
weiß blanco/a **4**
weit entfernt lejos **1**
welcher cuál **2**
weniger menos **8**
wenigstens por lo menos **6**
wer quién **2**
werden volverse **3**
wert sein valer **2**
Westen el oeste **6**
Whisky mit Soda un güisqui con soda **4 L**
wichtig sein importar **2, ist nicht -** no importa **2**
wie cómo **1, - geht's dir** cómo estás **3, - heißt du** cómo te llamas **3, - immer** como siempre **6, - ist das möglich** cómo puede ser **4, - ist das Wetter** cómo está el tiempo **1**
wieder nuevamente **6,** otra vez **2**
Wiedersehen adiós **1**
wieso y eso **3, - nicht** como no **6**
wieviel cuánto **1**
wirklich de verdad **5**
wissen saber **4**
wo dónde **1**
Woche la semana **6, -nende** el fin de semana **7, -nmarkt** el mercadillo **2**
Wohngemeinschaft el piso compartido **7**
wollen/lieben querer **1**
wozu para qué **2**
Wunder la maravilla **5**
wünschen desear **8**

Z

zahlen pagar **4**
zärtlich cariñoso/a **7**
Zeit el tiempo **1, ich habe - zu** me da tiempo **4, - zu nichts** tiempo de nada **4, - zu ...** hora de ... **6 L**
zentral central **8**
Zentralbank el Banco Central **2 L**
Zigaretten los cigarrillos **5,** los cigarros **3**
Zimmer la habitación **1**
Zoll la aduana **8**
Zucker el azúcar **4**
zuerst primero **4 L**
zufrieden contento/a **6, - werden** ponerse contento/a **8**
Zug el tren **1**
zu Hause en casa **2**
Zuhörer el oyente **6**
zurückgeben devolver **5**
zurückkommen volver **4**
zusammen junto/a **3, 4 L**
Zusammenleben la convivencia **7**
Zuschlag el suplemento **8**
zuviel demasiado/a **6**
zweite/r segundo/a **4**

Español – Alemán

Hauptwörter auf **-o** sind in der Regel männlich, solche auf **-a** sind weiblich. Alles, was davon abweicht, erhält in Klammern angehängt den jeweiligen Artikel **(el)** oder **(la)** bzw. die Pluralform. Die arabische Zahl am Ende der übersetzten Vokabel bezieht sich auf das Tema, in dem das spanische Wort zum erstenmal vorkommt. Aufgeführt ist in der Übersetzung immer nur der Zusammenhang, in dem das entsprechende Wort im Buch vorkommt. Wörter/Wendungen, die in den Lectura-Texten vorkommen, haben ein **L** hinter der Lektionszahl. Im Spanischen sind **ch** und **ll** eigene Buchstaben und werden gesondert aufgeführt. Steht ein ⟨ ⟩ oder ein ⟨ **!** ⟩ hinter dem Ausdruck, so bedeutet das familiär bzw. vulgär.

A

a nach, zu **1**
abierto/a offen **4**
abrir öffnen **8**
abuela Großmutter **4**
acabar de gerade getan haben **6**
acuerdo, de - einverstanden **3**
adelgazar (Gewicht) abnehmen **5**
además außerdem **3**
adiós auf Wiedersehen **1**
adónde wohin **1**
aduana Zoll **8**
aduanero Zöllner **8**
aeropuerto Flughafen **1**
aficionado/a Fan **6**
agencia de viajes Reisebüro **2**
agradable angenehm **3**
agua Wasser **4**, **- mineral** Mineralwasser **4**
aguantar aushalten **5**
ahí dort **1**, **- mismo** genau da **1**, **por -** dort irgendwo **7**
ahora jetzt **1**
alcanzar erreichen **6**
alegrarse de sich freuen über **3**

alemán deutsch/ Deutscher **1**
algo etwas **2, - más** sonst noch etwas **2**
alguien jemand **7**
algún (irgend)ein **3**
almíbar Sirup **4**
almuerzo Mittagessen **6**
alto/a hoch **5**
allí da **3** (das steht hier, weil **ll** nach **l** kommt)
amigo/a Freund/in **3**
andando zu Fuß **1**
año Jahr **6**
anoche gestern abend **5**
antes früher **6, -s de** vor **6**
aparato Gerät **3**
aparcado geparkt **8**
apetecer Hunger haben auf **4**
aprender lernen **8**
aprovechar nutzen **3, que aproveche** guten Appetit **4**
aquel/la jene/r **4**
aquí hier **1, por -** hier irgendwo in der Gegend **1, - la/lo tiene** hier haben Sie **4**
árabe arabisch **2 L**
armario Schrank **3**
arreglar in Ordnung bringen **7**
arroz (el) Reis **4, - con leche** Milchreis **4**
artista (el) Künstler **2 L**
asco Ekel **4**
así so **4, - que** so daß **4**
aspecto Aussehen **5**
asturiano aus Asturien **4**
asunto Angelegenheit **7**
atareado/a beschäftigt **7**
atención (la) Achtung **5**
atender bedienen **8**
atún Thunfisch **4**
autobús (el) Bus **1**
avión (el) Flugzeug **1**
avisar Bescheid sagen **8**
ayudar helfen **6**
azúcar Zucker **4**
azul blau **2**

B

baja, dar de - krank schreiben **5**
bajar runtergehen/ aussteigen **7,** leiser machen **7**
banco die Bank **2 L**
baño Bad **7**
bar (el) Kneipe **3**
barato/a billig **2**
barbaridad (la) Barbarei **2**
barco Schiff **2**
barra Brot(laib) **4**
bastante genug **1**
bazar (el) Basar **2**
beber trinken **4, -selo todo** alles auftrinken **7**
bebida Getränk **4**
belleza Schönheit **5**
besar küssen **7**
besugo Rotbarsch **4**
bien gut **1**
billete (el) Fahrkarte **2, - de barco** Schiffs-ticket **3**
bizcocho Biskuit **3**
blanco/a weiß **2, 4**
boca Mund **4**
bocadillo belegtes Brot **4**
bodega Weinhandlung **3**
bolsa Tüte **2**
botella Flasche **3**
brazo Arm **5**
brik (el) Tetrapak **2**
brut brut **3** (aber mit gerrrolltem **r** und **u**)
buenísimo/a sehr gut **4**
bueno/a gut **1**
burocracia Bürokratie **8**
buscar suchen **8**

C

cabeza Kopf **3**
cabina Kabine **1**
cada jede/r **5**
caer bien/fatal gefallen (gut/ schlecht) **3**
caerse (runter)fallen **5**
café (el) Kaffee **2**
cafetería Café/ Cafeteria **5 L**
caja Kasse **2**
calentado/a aufgewärmt **6 L**
calentador (el) Durchlauferhitzer **7**
calentar wärmen **4**
caliente warm/heiß **5 L**
callarse schweigen **7, cállate** sei ruhig **4**
calle (la) Straße **1**
calor (la) Hitze **1, hace -** es ist heiß **1**
cámara Kamera **8, - de vídeo** Videokamera **8**
camarero/a Kellner/in **4**
cambiar wechseln **2**
cambio Wechsel **1**
campo Land **2**
cansado/a müde **7**
cansarse ermüden **5**
capricho Laune **4**
cara Gesicht **3**
cariñoso zärtlich **7**
carísimo/a sehr teuer **8**
carne (la) picada Hackfleisch **2**
carnet (el) Ausweis **4, - de conducir** Führerschein **8**
caro/a teuer **1**
carta Karte **4**
cartón (el) Stange (Zigaretten) **5**
casa Haus **2, casa de la cultura** Bürgerhaus **8**
casado/a verheiratet **6**
casete (el) MC **2**
catalán katalanisch **3**
cena Abendessen **2, -r** zu Abend essen **7**
central zentral **2**
centro Zentrum, **- de belleza** Schönheitssalon **5, - de salud** Tagesklinik **5**
cerca nahe **1**
cerrado/a geschlossen **4**
cerveza Bier **2**
cien Hundert **2**
ciencia ficción Sciencefiction **6**
cigarrillos/cigarros Zigaretten **3, 5**
cinco fünf **2, las** - fünf Uhr **3**
cincuenta fünfzig **2**
cine Kino **6**
claro/a klar **1, - que sí** klar doch **1**
clase Art von **6**
Clínica de la Selva Negra Schwarzwaldklinik **4 L**
cobrar kassieren **8**
coche (el) Auto **3**
cocido Eintopf **2**
cocina Küche **3**
cocinero/a Koch/ Köchin **4**
coger nehmen **1**
Colacao (el) Kakaopulver **4**
colega (el) Kollege **1 L**
colmo Gipfel **5**
comentar kommentieren **8**
comer essen **1**
comida Essen **4 L**
como da **4, cómo** wie **1, como no** klar,wieso nicht? **6, cómo ¿puede ser?** wie ist das möglich? **4, como siempre** wie immer **6, ¿cómo llamas?** wie heißt du? **3**
compañero Kamerad **6**
compartido geteilt **7**
completo komplett **1**
complicado kompliziert **1**
comprar kaufen **1, 2, de compras** beim Einkaufen **2**
coñac (el) Cognac **4**
conducir (selbst) fahren **8**

conflicto Konflikt **7 L**
congelador (el) Tiefkühltruhe **2**
congreso Kongreß **1**
conmigo mit mir **7**
conocer kennen/kennenlernen **3**
conseguir erlangen **6**
consejo Ratschlag **5**
contar erzählen **3, 7**
contento/a zufrieden **6**
contestador automático (el) Anrufbeantworter **8**
contigo mit dir **7**
contra gegen **5**
convivencia Zusammenleben **7**
copa Glas (mit Stiel) **3**, **tomar una -** einen trinken gehen **6**
copia Kopie **2**
correos Post **8**
Corte Inglés (el) große Kaufhauskette in ganz Spanien **2**
cosa Sache **4**
costilla Rippe **5**
crédito Kredit **6**
creer glauben **1**
crema catalana katalanische Creme, flüssiger Pudding **4**
criticar kritisieren **5**
cuál welcher **2**
cuando als, wenn **5**, **cuándo** wann **1**
cuánto wieviel **1**
cuarenta vierzig **2**
cuarto Viertel **2**, **- de baño** Badezimmer **7**, **- de hora** Viertelstunde **5**
cubano/a kubanisch **4**
cubierto Gedeck **4**
cuchara Löffel **4**
cuchillo Messer **4**
cuenta Rechnung **4**, **por su -** selbständig, freiberuflich **3**
cuerpo Körper **5**
cultura Kultur **8**
cuñado/a Schwager/Schwägerin **6**
cursillo Kurs **3**
curso Kurs **5**

CH

chalet adosado Reihenhaus **6**
champán Champagner **3**
champiñón (el) Champignon **2**
charlar reden **6**
cheque (el) Scheck **5**
chica Mädchen, Angestellte **6**, **chico** Junge **4**
chuparse sich schlekken **4**

D

D.N.I. (Documento Nacional de Identidad) (el) Personalausweis **8**
Dallas amerikanische Schnulze **4 L**
dar geben **5**,
- de baja krank schreiben **5**,
- dar igual gleich sein **7**,
- la gana Lust haben **4**,
- la lata ⟨ **!**⟩ nerven **7**,
- tiempo Zeit haben zu **4**,
- vergüenza beschämen, genieren **5**
de … a … von … bis … **6**
deber schulden **5**
decir sagen **8**
declarar erklären **8**
dedo Finger **4**
dejar lassen **4, 5**
demasiado/a zuviel **6**
dentro innen **8**
denuncia Klage **8**
depilar enthaaren **5**
deporte (el) Sport **5**
deprimido/a deprimiert **7 L**
derecha rechts **1**
derecho Recht **7**, **todo -** geradeaus **8**

desayunar frühstücken **4**
descansar ausruhen **6**
descanso Pause **6**
descapotable Cabriolet **4 L**
desde seit **7**
desear wünschen **8**
desilusionado enttäuscht **3**
despacho Büro **8**
despacio langsam **1**
despierto wach **6**
después danach **4**
devolver zurückgeben **5**
día Tag **1, buenos -s** guten Tag **1**
dieta Diät **5**
diez zehn **1**
difícil schwierig **6**
dinero Geld **1**
directamente direkt **6**
disco Schallplatte **2**
discutir diskutieren, streiten **2**
disparate (el) 〈 **!** 〉 was'n Hammer **2**
doce zwölf **7**
docena Dutzend **2**
doctor (el) Doktor **5**
documento Dokument **8**
doler schmerzen **5**
dolor (el) Schmerz **5**
dolorosa Leidvolle **4** (d. h. die Rechnung im Restaurant)
domingo Sonntag **2**
dónde wo **1**
dormir schlafen **5**
dos zwei **1**
ducha Dusche **6 L, -rse** duschen **6**
dueño Besitzer **7**
durante während **7**
duro/a hart **4,** 5-Peseten-Münze **1**

E

echar rausschmeißen **7**
ejercicio Gymnastik **5**
él er **3**
el qué was **5**
electrodoméstico/a elektrisch für den Haushalt **3**
ella sie **3 L**
empezar a anfangen zu **7**
empezar anfangen **1**
empleo Anstellung **8, oficina de -** Arbeitsamt **8**
en in **1, - lugar de** anstelle von **7, - seguida** sofort **1, - serio** ernsthaft **4, - todos lados** überall **2**
encantar entzücken **4**
encima de über **8,** obendrauf/außerdem **5**
encontrar finden **3**
enfadarse con sich ärgern über **7**
enfermedad (la) Krankheit **5**
enfermo krank **5**
enfrente gegenüber **3**
ensalada Salat **4**
entender verstehen **1**
entero/a ganz **3**
entonces also **2**
entrada Eintritt **4**
entrantes (los) Appetizers **4**
entrar eintreten **3** mit der Arbeit beginnen **6**
entregar aushändigen **8**
episodio Folge (Filmserie) **7**
esa diese, jene **4**
escalera Treppe **5**
escalope (el) Schnitzel **4**
escribir schreiben **7**
escuchar zuhören **7**
ese jener **4**
eso das, jenes **2**
espacio Raum **6**
espalda Rücken **5**
español (el) Spanisch **3**
especial besonders **8**
esperar warten **2**
esquí (el) Ski **5**
esquina Ecke **6**
esta/e diese/r **2**
estación (la) Bahnhof/Busbahnhof **1, - de servicio** Tankstelle **1, - de trenes** Bahnhof **1**

estado (estar) gewesen **5**
estanco Kiosk **3**
estar sein **1**
este dieser **2**
esto dies **1**
estómago Magen **5**
estudiante (el/la) Student(in) **8**
estudiar studieren/lernen **7**
estupendo/a klasse **5**
examen (el) Prüfung **7**
excepción (la) Ausnahme **8**

F

fábrica Fabrik **6 L**
fácil leicht **3**
fallar fehlen/ausfallen **8**
falso gefälscht **2**
falta Mangel **3**
faltar fehlen **2, hacer falta** nötig sein **8, ya falta poco** es ist bald soweit **4**
familia Familie **7**
fantástico/a phantastisch **3**
farmacia Apotheke **1**
fatal scheußlich **3** in grausligem Zustand **7 L**
favor (el) Gefallen, **haga el - de** tun Sie (mir) den Gefallen **8**
fecha de nacimiento Geburtsdatum **8**
ferrocarril (el) Eisenbahn **8**
fichero Kartei **8**
fiebre (la) Fieber **5**
fiesta Fest **3**
filete (el) Filet **4**
fin (el) Ende, **- de semana** Wochenende **7, por -** endlich **8**
final (el) Ende **8**
flan (el) Karamelpudding **4**
flash (el) Blitzlicht **8**
fondo Hintergrund **4, al -** hinten **4,**
fondos Deckung (beim Scheck) **7**
footing Joggen **5**
francés französisch **3**
franquista (el) Franquist **6**
fregar spülen **6**
freír brutzeln/braten **4**
fresco frisch **2**
fresones Erdbeeren **4**
frigorífico Kühlschrank **4**
frío kalt **1**
frito fritiert **4**
fruta Obst **2, - del tiempo** Obst der Saison **4**
fuera außer Haus, draußen **6 L, 8**
fuerte stark **4**
fumar rauchen **3**
fútbol (el) Fußball **7**

G

galleta Keks **4**
gambita Krabbe **4**
gana Lust **4, dar la -** Lust haben **4**
gas (el) Sprudel **4**
gasolina Benzin **1**
gasolinera Tankstelle **1**
generoso/a großzügig **4**
gente (la) Leute **3, 4**
gimnasio Fitness-Center **5**
gordo/a dick **5**
gracias danke **1, muchas -** vielen Dank **1**
Gran Vía (la) Hauptstraße **8**
grande groß **4**
grave schlimm **5**
grupo Gruppe **3**
guapo/a gutaussehend, hübsch **3**
güisqui (el) Whisky **4 L**
gustar gefallen **2**

H

haber haben **4**
habitación (la) Zimmer **1**
hablar sprechen **2, ni -** keine Rede **2**
hacer machen **4, hace calor** es ist heiß **1, hace frío** es ist kalt **1, hace mucho** vor langem **4, hacer caso** beachten/hinhören **7, - falta** fehlen **3, - preguntas** Fragen stellen **6**
hambre (el) Hunger **4**
harto über(drüssig) **4**
harto/a leid **4**
hasta ahora bis jetzt **6**
hay es gibt **1, - que** man muß **5**
hecho gemacht **5**
helado Eis **1**
hermana Schwester **3**
hijo/a Sohn/Tochter **6**
hinchado/a geschwollen **5**
hola hallo **3**
holandés holländisch **8**
hombre (el) Mann **3**
hora Stunde **4, 5**
horno Ofen **4**
horroroso/a gräßlich **3**
hospital (el) Krankenhaus **5**
hotel (el) Hotel **1**
hoy heute **1**
huelga Streik **8**
huevos Eier **2, - fritos** Spiegeleier **4**

I

ida y vuelta Hin- und Rückfahrt **2**
idea Idee **3, ni -** keine Ahnung **1**
iglesia Kirche **1**
igual gleich **7, dar -** (einem) gleich sein 7
ilegal illegal **2**
importar wichtig sein **2, - un bledo** schnurzpiepegal sein **7, no me importa** das ist mir ziemlich egal **3 L**
impresión (la) Eindruck **7**
infección (la) Entzündung **5**
informar informieren **8**
ingeniería Ingenieurswesen **3**
inglés englisch **2**
inscribirse sich einschreiben **8**
inscripción (la) Einschreibung **8**
instrucción (la) Anleitung **3**
integral Voll-, Vollkorn **2**
interés Interesse **3**
interesante interessant **6**
invitar einladen **4, invitado/a** eingeladen **3**
ir gehen **2, - de vacaciones** in Urlaub fahren **6, - en metro** mit der U-Bahn fahren **6, -le bien a alguien** jemandem gut bekommen **5**
izquierda links **1**

J

jarabe (el) Sirup/Hustensaft **5**
jardín (el) Garten **3**
jarra Krug **4**
jefe (el) Chef **3**
jolines ⟨!⟩ verdammt **7**
joven jung **7**
juerga Rambazamba **7**
jugar spielen **4**
junio Juni **8**
junto/a zusammen **3**

K

kilo Kilo **2, - y medio** eineinhalb Kilo **2**

L

la die **1**
lado Seite **1, al - de** neben ... **4, en todos -s** überall **2**
largo/a lange **6 L**
lata Dose **7, dar la -** nerven, auf den Geist gehen **7**
lavadora Waschmaschine **3**
le ihm/ihr/Ihnen **2 L, 5**
leche (la) Milch **2**
lechuga Salat **4**
leer lesen **7**
lejos weit entfernt **1**
levantarse aufstehen **5**
libro Buch **5**
ligar ⟨ ⟩ anbändeln, anmachen **3**
limpiar saubermachen **5**
línea Linie **5**
loco verrückt **3, volverse -** verrückt werden **3**
Londres London **3**
luego später **1**
lugar (el) Stelle **7, en - de** anstelle von **7**

LL

llamar rufen/anrufen **1, 5, -se** heißen **3**
llave (la) Schlüssel **7**
llegar ankommen **3**
llevar bringen **1, - dentro** drin sein in etwas (z. B. im Auto) **8, - dinero** Geld bei sich haben **2**

M

macedonia Obstsalat **4**
madalena Biskuitteilchen **2**
madre (la) Mutter **3**
maleta Koffer **8**
malo/a schlecht/ übel **5**
mamá (la) Mami **1**
mandar schicken **3**
manera Art und Weise **3, de todas -s** jedenfalls, **no hay -** es ist nicht möglich **3**
mano Hand **3**
mantequilla Butter **4**
manzana Apfel **4**
manzanilla Kamillentee **5**
mañana por la mañana morgen früh **1, - por la noche** morgen abend **2, a media -** am späten Morgen **6**
máquina Maschine **5**
maravilla Wunder **5**
marca Marke **3**
marcharse weggehen/ziehen **7 L**
mareos Übelkeit **5**
marido Ehemann **4**
más mehr **2, - o menos** mehr oder weniger **8**
masaje (el) Massage **5**
masajista Masseur **5**
matar umbringen **3**
matrícula Einschreibung **3**
me mir, mich **3**
médico Arzt **1**
medio/a halb **2**
mejillón (el) Muschel **2**
mejor besser **8, -ar** bessern **5**
melocotón (el) Pfirsich **4**
melón Melone **2**
menor nicht volljährig **8**
menos weniger **8, por lo -** wenigstens **6**
mensajero Bote **8**
mercadillo Wochenmarkt **2**
mercado Markt **2**
merecer la pena die Mühe lohnen **7**
merluza Seehecht **2**
mermelada Marmelade **4**
mes (el) Monat **6**
mesa Tisch **4, poner la -** den Tisch decken **4**

meter setzen/stellen/legen **3**
metro U-Bahn **6**
mi mein **3**
mí, a - mir **2, 3**
mientras währenddessen **4**
mierda, a la - 〈 ! 〉 zum Teufel, scheiß drauf! **8 L**
minuto Minute **1**
mío/a mein **7**
mirar schauen **1**
mismo/a selbst/gleich **3,** genau **1**
mitad (la) Hälfte **2**
moda Mode **4 L, de -** «in» **4 L**
modelo Mannequin **4 L**
modos, de todos - auf alle Fälle **5**
molestar stören **7**
momento Moment **2**
moneda Münze **1**
Montferrant (el) (empfehlenswerte!) Sektmarke **3**
moreno/a braungebrannt **3**
morir, -se sterben **4, 5**
mover bewegen **5**
mucho/a viel **3**
mujer (la) Frau **5**
música Musik **7**
muy sehr **1**

N

nacimiento Geburt **8**
nada nichts **2, - más** nichts sonst **2**
nadie niemand **3**
naranja Orange **4**
nata Sahne **4**
natación (la) Schwimmen **5**
necesitar brauchen **2**
negro dunkel/schwarz **3**
ni ... ni weder ... noch **2**
ningún/ninguna kein/e **1**
niño Kind **5**
no nein, nicht **1, - sé** ich weiß nicht **1**
noche (la) Nacht, Abend **1, esta -** heute nacht **2**
normal normal **8, -mente** normalerweise **6**
nos uns **4**
nosotros wir **3**
novio Bräutigam/Freund **3**
nuestro/a unser **3**
nuevo/a neu **2, - nuevamente** wieder **6**
nunca nie **5**

O

o oder **1**
o ... o ... entweder ... oder ... **7 L**
ocho acht **2**
oeste Westen **6**
oferta Angebot **2**
oficina Büro, Amt **3, - de empleo** Arbeitsamt **8**
oficio Beruf **3**
oiga hören Sie **3**
olvidar vergessen **8**
ordenador (el) Computer **8 L**
oriental orientalisch **2**
original echt, ungefälscht **2,** originell **4**
os euch **6**
otro/a andere/r, **otra cosa** was anderes **5, otra vez** wieder **2**
oye hör mal **2**
oyente (el) Zuhörer **6**

P

padres (los) Eltern **3**
pagar zahlen **4**
país (el) Land **8**
pan (el) Brot **2, - integral** Vollkornbrot **2, panadería** Bäckerei **2**
pantalón (el) Hose **2**
papel (el) Papier **8**
paquete Karton **2,** Schachtel **3**
para für **3, - qué** wozu **2**
paraíso Paradies **5**
parecer scheinen **3**
pareja Pärchen **7**
parte, a ninguna - nirgendwohin **3**
pasado passiert **4**
pasar (rüber)reichen **4, - de** einem egal sein **4, - por** vorbeigehen **3, qué pasa** wie geht's **3**
pasillo Flur **8**
pastelería Konditorei **2**
pastel (el) Süßware **5**
pastilla Tablette **4**
patata Kartoffel **2, -s fritas** Pommes frites **4**
paz (la) Friede **4**
pedir hora Termin machen **5**
película Film **6**
pena Mühe **7**
pensar denken **4**
pensión (la) Pension **8**
perder verlieren **5**
perdón (el) Entschuldigung **1**
perdonar entschuldigen **3**
perfectamente perfekt **7**
pero aber **2, - si** aber doch **7**
pertenecer gehören **3**
pesado schwer **2**
pescado Fisch **4**
peseta Pesete **1**
picado gehackt **2**
pie (el) Fuß **5**
piel (la) Haut **5**
pierna Bein **5**
pila de Haufen ... **3**
pintar lackieren **5**
piscina Schwimmbad **5**
piso compartido Wohngemeinschaft **7**
plato Teller/Gang **4, - fuerte** Hauptgang **4**
playa Strand **3**
plaza Platz **1**
poco, un poco etwas/wenig **1, 3, poquito** klein wenig **2**
poder können **3**
policía Polizei **4**
políticamente politisch **6**
poner setzen/stellen/legen, geben (im Geschäft) **2, -se contento/a** sich freuen **8, -se moreno/a** braun werden **5**
por für, pro **1, - aquí** hier irgendwo **1, - eso** deswegen **5, - favor** bitte **1, - la mañana** morgens **4, - la noche** am späten Abend, nachts **1 L, - lo menos** wenigstens **6, - semana** pro Woche **6, - supuesto** selbstverständlich **2, - teléfono** telefonisch **3, - su cuenta** auf eigene Kappe, freiberuflich **3**
porque weil **1**
portugués portugiesisch **3**
postre (el) Nachtisch **4**
potaje (el) Suppeneintopf **4**
precio Preis **2**
preferir vorziehen **7**
pregunta Frage **8, hacer -s** Fragen stellen **6**
preguntar fragen **1**
preocuparse sich Sorgen machen **5**
preparado vorbereitet **4**
prestar leihen **4**
presupuesto Etat (Haushaltsgeld) **6**

primer erster **4, -o** zuerst **4 L**
principio, al - am Anfang **5**
probarse probieren **4**
problema Problem **2**
producción (la) Produktion **4 L**
producir produzieren **5**
propósito, a - apropos **8**
pub (el) Edelkneipe **6 L**
público öffentlich **1**
puchero Eintopf **2**
pueblo Dorf **1**
puerros Lauch **4**
puerta Tür **3**
pues dann

Q

que ..., der/die/das, daß **1, qué** was **5, - aprovече** guten Appetit **4, - barbaridad** fürchterlich **2, - clase de** was für ein/e ... **6, - hay** hallo **3, - le doy** was darf's sein **2, - lleva eso** was ist da drin **4, - más quisiera yo** was wollt ich mehr **5, - me cuentas** was gibt's Neues **3, - pasa** hallo **3, - tal** hallo/wie geht's **3, - va** überhaupt nicht **3**
quedar bleiben **4, - en** verbleiben, verabreden, treffen **3**
quejar beklagen **6**
quemado/a angebrannt **4**
querer wollen, lieben **1, 7**
querida/o liebe/r **6**
queso Käse **2**
quién wer **2, 5**
quinientos/as fünfhundert **2**
quinto fünfter **4**
quisiera wollte/n **5**
quitar wegnehmen/gehen **5**

R

radiografía Röntgenbild **5**
rallado/a gerieben **4**
rápidamente schnell **4**
rapidísimo sehr schnell **8**
raro/a seltsam **7**
rato Weile **6**
recepción (la) Empfang **1**
recetar verschreiben **5**
recibir erhalten **7**
recomendar empfehlen **4**
reconocer (wieder-) erkennen **3**
reducción (la) Ermäßigung **8**
referirse sich beziehen auf **5**
regalo Geschenk **8**
regatear handeln **2**
relación (la) Verhältnis **7**
relajante beruhigend **5**
remedio Mittel **6**
reserva Auslese **8**
resfriado Erkältung **5**
resguardo Quittung **8**
respirar atmen **5**
restaurante (el) Restaurant **4**
resulta que es ist folgendes: ... **8**
rico köstlich **4**

riesgo Risiko, Kasko **8**
robar stehlen **8**
rojo/a rot **2**
ropa Kleidung **8**
roto/a kaputt **5**
rubio/a blond **1**, hell (Tabak) **3**
ruido Lärm **7**

S

saber wissen **4**
Sadurní (el) katalanische Sektmarke **3**
sal (la) Salz **4**
salida Ausgang **1**
salir raus-, weggehen **5**, kosten **3**
salud Gesundheit **5**
saludar grüßen **4**
sangría Sangria **3**
sardina Sardine **2**
sauna Sauna **5**
sección de señoras (la) Damenabteilung **2**
seguir folgen **7**
segundo/a zweite/r **4**
seguro Versicherung **8**
seguro/a sicher **7, 8**
seis sechs **2**
semana Woche **3, por -** pro Woche **6**
semiseco halbtrocken **3**
señor (el) Herr **1, -a (la)** Dame **2**
sentarse en sich setzen **6**
sentir fühlen **5, lo siento** es tut mir leid **1**
ser sein **2**
serio ernsthaft **4**
servir servieren **4**, zu gebrauchen sein **4**
setecientos/as siebenhundert **2**
setiembre (el) September **8**
si falls **4, - no** andernfalls **4, sí** ja **1, sido** gewesen **5**
siempre immer **3, siempre lo mismo** immer das gleiche **3 L**
siento, lo - es tut mir leid **1**
siesta Mittagsschläfchen **6**
siete sieben **3**
simplemente einfach **7**
sin ohne **4**
síntoma Symptom **5**
sitio Ort/Platz **3**
sobre auf **7**
soda Soda **4 L**
solario Sonnenbank **3**
soler hacer zu tun pflegen **6**
sólo nur **2, solo/a** alleine **3**
solucionar lösen **8**
sonar klingeln **3**
soportar ertragen **5**
soso/a lau **4**
su sein/ihr/Ihr **3**
subir(se) einsteigen **1, 3**, hochgehen **7**
sucursal (la) Filiale **8**
suegros Schwiegereltern **6**
suerte (la) Glück **3**
supermercado Supermarkt **1, 2**
suplemento Zuschlag **8**
suyo/a sein/ihr/Ihr **8**

T

tabaco Tabak **3**
tacita Täßchen **6 L**
tal vez vielleicht **2**
talla Größe **2**
también auch **2 L**
tampoco auch nicht **3 L, 6**
tan so **3**
tanto/a soviel/e **2**
tarde (la) Nachmittag **3, buenas -s** guten Tag **2**
tarde spät **3**
tarifa Tarif **8**
tarta helada Eistorte **4**
taxi (el) Taxi **1**
teatro Theater **3**
técnico/a technisch **3**
tele (la) Fernsehen **7**
teléfono Telefon **1**
televisión (la) Fernsehen **6**

temer fürchten **8**
tener haben **6, - cosas que hacer** zu tun haben **4, - derecho** ein Recht haben **7, - fondos** gedeckt sein (Scheck) **8 L, - que** müssen **5**
tenis (el) Tennis **5**
tensión (la) Blutdruck **5, tomar la -** Blutdruck messen **5**
tercer /-a dritte/r **3**
terminar beenden **4,** zu Ende gehen **7**
tesoro Schatz **4**
ti dir/dich **5**
tiempo Wetter, Zeit **1, a -** rechtzeitig **6, - de nada** Zeit zu nichts **4**
tienda Geschäft **1**
tipo Art **5**
tocar spielen **2 L, -le a uno/a** an der Reihe sein **7**
todo/a alles **2, todo derecho** immer geradeaus **8, todo junto** alles zusammen **4 L, toda la noche** die ganze Nacht **7, todavía** noch **4, todo tipo de** alle Art von **5, todos/as** alle **7**
tomar nehmen **2, - café** Kaffee trinken **2, - una copa por ahí** einen trinken gehen **6, - la tensión** Blutdruck messen **5**
tonterías Dummheiten **5**
tope, a - ⟨ ⟩ voll **3**
tortilla Omelette, Eierkuchen **4**
tos (la) Husten **5**
tostada Toast **4**
total kurz gesagt **2**
trabajar arbeiten **3**
trabajo Arbeit **3**
traducir übersetzen **3**
traductor (el) Übersetzer **3**
traer bringen **4**
tranquilamente ruhig **7**
tren (el) Zug **1**
tres drei **6**
tu dein **3, tú** du **3**
turista (el) Tourist **2 L**
tuyo/a dein **8**

U

u (vor **o-**) oder **2 (siete u ocho** sieben oder acht)
último/a letzte/r **2**
un ein **1**
unas einige **2**
único einmalig **5**
unos einige **2**
uña Fingernagel **5**
usted Sie **1**
uyyy uiii **2 L**

V

vacaciones (las) Ferien, Urlaub **6**
vagabundo Vagabund **2 L**
vale okay/in Ordnung/gebongt **1**
valer wert sein, kosten **2**
vamos a ver schaun wir mal **5**
vanguardia Avantgarde **4 L**
variar abwechseln **4**
vasco baskisch, aus dem Baskenland **4**
vaso Glas (ohne Stiel) **3**
vecino/a Nachbar **7**
vender verkaufen **2**
venir kommen **2, 3, venga ya** komm schon, Mann **3, venido** gekommen **4**
ventanilla Fenster **8**
ver sehen **2, - la televisión** fernsehen **6**
verdad (la) Wahrheit **5, de -** wirklich **5**
verde grün **2**
vergüenza Schande, Scham **5**
vestido Kleid **2**
veterinario Tierarzt **1**
vez mal **2, a veces** manchmal **6**
viaje (el) Reise **2**

vichysoise (la) Vichysoise **4**
vida Leben **6**
vídeo Video **6**
vientre (el) Bauch **5**
vino Wein **2**
violín (el) Geige **2 L**
visitar besuchen **1 L**
visto gesehen **4**
vivir leben **1**
volver zurückkommen **4, -se loco** verrückt werden **3**
vómitos Brechreiz **5**
vosotros ihr **3**
vuelta Rückfahrt **2**
vuestro/a euer

Y

y und **1, - eso** wieso? **3**
ya schon **2, - está** Schluß jetzt **4, - falta poco** es ist gleich soweit **4, - no** nicht mehr **2, - voy** ich komme schon **4**
yo ich **2, - que sé** keine Ahnung **6**

Z

zorro der Fuchs **3**
zumo Saft **4**

Enhorabuena – herzlichen Glückwunsch. Sie haben es schon ziemlich weit gebracht. Sie können inzwischen über 1000 Vokabeln (manche mehr, manche weniger), Sie verstehen eine Menge, wenn Sie Spanisch lesen oder hören, und Sie können auch schon einiges ausdrücken. Wenn der Ehrgeiz Sie noch nicht verlassen hat, dann empfehlen wir den Rowohlt-Band **Español Dos** (rororo sprachen 8845). Er baut genau auf Vokabular und Strukturen von **Spanisch von Anfang an** auf und ermöglicht die nahtlose Fortsetzung Ihres bis hier so erfolgreichen Lernprozesses.

SOLUCIÓN

TEMA 1

¡Escucha! 1

en la calle: **1.** ja **2.** ja **3.** nein **4.** nein **5.** nein **6.** nein **7.** ja **8.** ja **9.** nein **10.** ja

en el hotel: **1.** nein **2.** ja **3.** nein **4.** nein **5.** ja

1. Nachhaken

1. ¿Dónde? **2.** ¿Vale? **3.** ¿Dónde? **4.** ¿Dónde? **5.** ¿Adónde? **6.** ¿Adónde? (Wer nicht richtig versteht, kann natürlich auch nachhaken: **¿cómo?** oder **no entiendo, hable despacio** etc.)

2. Ich nix verstehen

1. Despacio, por favor. **2.** No entiendo. **3.** ¿Por favor? **4.** ¡Hable despacio! **5.** ¿Cómo?

3. *¿Dónde está ...?*

1. en la plaza **2.** en el centro (de Itrabo) **3.** a la izquierda del hotel **4.** en la plaza **5.** a la izquierda de la farmacia **6.** a cuatro (4) kilómetros **7.** en la calle

4. *¿Qué ve en el mapa?*

1. un hotel, una farmacia y un bar **2.** la farmacia **3.** el bar (oder la farmacia) **4.** una cabina telefónica **5.** hay un hotel, una farmacia, un bar, una cabina telefónica, ...

5 *¿El o la?*

la farmacia, el bar, el dinero, el aeropuerto, la tienda , la plaza, la habitación, el congreso, la iglesia, el pueblo.

6 *¿Un o una?*

un avión, una noche, un hotel, una calle, un tren, una salida, un minuto, un teléfono, un cambio, una gasolinera, un veterinario, un señor, un alemán, una alemana.

7. Wie geht der Satz weiter?

1. e **2.** a **3.** b **4.** d **5.** c

8. Wie ist die Mehrzahl?

1. las cabinas **2.** dos cabinas **3.** los congresos **4.** las calles **5.** dos teléfonos **6.** los tiempos **7.** dos monedas **8.** las habitaciones (ohne Akzent!) **9.** dos hoteles **10.** los bares **11.** las salidas **12.** dos plazas **13.** los estadios **14.** los trenes **15.** dos médicos **16.** dos españoles.

9. Nein sagen willl auch geübt sein

1. No, no vamos al aeropuerto. **2.** No, no hay un autobús a Molvízar. **3.** No, no el hotel no está completo. **4.** No, el tren no es caro. **5.** No, no hace calor en Siberia. (Sibirien) **6.** No, el «Bar Pesetas» no está lejos. **7.** No, no cogemos un taxi.

10. *Aquí no hay ...*

1. ningún bar **2.** ninguna iglesia **3.** ninguna farmacia **4.** ningún hotel **5.** ninguna gasolinera **6.** ningún tren **7.** ningún aeropuerto **8.** ningún pueblo **9.** ninguna tienda **10.** ningún teléfono **11.** ninguna discoteca.

11. *La forma del verbo*

ir – **1.** vamos **2.** va **3.** voy **4.** vais **5.** van **6.** va **7.** va.
tener – **1.** tiene **2.** tengo **3.** tiene **4.** tenemos **5.** tiene **6.** tenéis.
ser – **1.** es **2.** soy **3.** Eres **4.** Somos **5.** es **6.** es.

12. *Ir* + Zeitangaben

du + ich: 1. ¿Cuándo vas a Madrid? – Mañana voy a Madrid. **2.** ¿Cuándo vas a Sevilla? – Esta noche voy a Sevilla. **3.** ¿Cuándo vas a Alemania? – Hoy voy a Alemania. **4.** ¿Cuándo vas a Barcelona? – Mañana por la noche voy a Barcelona. **5.** ¿Cuándo vas a Toledo? – Mañana por la mañana voy a Toledo. **ihr + wir: 1.** ¿Cuándo vais a España? – Hoy vamos a España. **2.** ¿Cuándo vais a Bilbao? – Mañana por la mañana vamos a Bilbao. **3.** ¿Cuándo vais a Nueva York? – Esta mañana vamos a Nueva York. **4.** ¿Cuándo vais a Moscú? – Mañana por la noche vamos a Moscú. **5.** ¿Cuándo vais a Colonia? – Mañana vamos a Colonia.

14. Wie hieß das gleich noch?

Perdón – ¿Está lejos? – Es un poco complicado. – En la calle – ¿Puedo llamar por teléfono? – ¡Hable despacio! – No tengo tiempo. – El hotel está completo. – Hace frío. – Ahora no. – ¿Hay una farmacia por aquí?

Lectura 1

1 sí. **2** no. **3** no. **4** no. **5** sí. **6** no.

TEMA 2

¡Escucha! 2

En la tienda y en el mercado/en casa: **no** en la caja del supermercado: **no, son tres mil doscientas ochenta y cuatro pesetas.** en el mercado: **sí** en la tienda: **no** en la calle: **sí** en la panadería: **sí**
En El Corte Inglés / en casa: **sí** en la sección de señoras: **sí** en la agencia de viajes: **no, sale por 4600** en la sección de discos: **sí** otra vez en la sección de señoras: **sí**

1. ***Pon el acento correcto***

1. mamá **2.** aquí **3.** el pantalón **4.** ¿para qué? **5.** la habitación **6.** el avión **7.** ¿está lejos? **8.** perdón **9.** el café **10.** el médico **11.** ¿adónde vamos? **12.** un alemán **13.** el teléfono público **14.** inglés **15.** el día **16.** sólo

2. Schreiben Sie einen Dialog in der Plattenabteilung. (So könnte solch ein Dialog aussehen:)

¿Tiene el último CD de Plácido Domingo? *Sí, aquí lo tiene.* **¿Cuánto vale?** *Vale dos mil ochocientas pesetas.* **¡Tanto! Sólo llevo mil quinientas.** *Aquí tiene otro.* **No, no me gusta.**

3. Welches Wort paßt nicht?

1. farmacia **2.** cerveza **3.** estadio **4.** huevos **5.** empezar (endet auf **-ar**) **6.** doy.

4. Auf dem Markt

1. Me da un kilo de merluza. **2.** Me da medio kilo de sardinas. **3.** Me da una docena de huevos. **4.** Me da kilo y medio de patatas. **5.** Me da medio kilo de café. **6.** Me da una caja de leche. **7.** ¿Le doy un melón? **8.** ¿Le doy cuarenta huevos? **9.** ¿Le doy un vino blanco? **10.** ¿Le doy un pan? **11.** ¿Le doy una bolsa de bizcochos? **12.** ¿Le doy una barra de pan?

5. Vorschlagen/bitten, etwas zu tun

1. Me da medio kilo de merluza. **2.** Vamos a tomar un café. **3.** ¿Puedo probarme el pantalón? **4.** ¿Cuánto vale la ida y vuelta a Lanzarote? **5.** Vamos a comprar. ¿Te vienes? **6.** Las patatas son muy caras. **7.** Sólo llevo dos mil pesetas.

6. Übersetzung

1. Mañana voy a Santiago. **2.** Voy en avión. **3.** ¿Qué? ¿Vas en avión? **4.** Por supuesto – tengo poco tiempo. **5.** Mañana vamos a Valencia. **6.** ¿Vais en avión? **7.** No, vamos en tren. **8.** ¿Por qué vais a Valencia **9.** Porque trabajamos allí. **10.** ¿En qué trabajáis? **11.** Vamos a vender casetes en un mercadillo.

7. ***Formar frases lógicas***

a5i – b4f – c8c – d1g – e7e – f9d – g3b – h6a – i2h

Je nach Fantasie sind noch mehr logische Lösungen möglich. Wir haben nur die naheliegenden aufgelistet.

8. ***Completar ...***

trabajo, trabajas, trabaja, trabajamos, trabajáis, trabajan – como, comes, come, comemos, coméis, comen – discuto, discutes, discute, discutimos, discutís, discuten – tengo, tienes, tiene, tenemos, tenéis, tienen – doy, das, da, damos, dais, dan.

9. *Aquí falta el verbo*
está – tiene – necesitamos – vamos – tengo – importa – tengo – vamos

10. Aus zwei mach eins
1. No tenemos ni merluza ni sardinas **2.** Amador no necesita ni un pantalón rojo ni un violín nuevo. **3.** En la agencia no venden billetes ni a Ibiza ni a Canarias. (auch möglich: ni billetes a Ibiza ni billetes a Canarias) **4.** Aquí ni regateamos ni discutimos. **5.** En los mercadillos no venden ni gasolina ni helado. **6.** No compro ni café ni leche.

11. *¿Cómo se escribe en letras?*
uno – once – cero – diez – catorce – cinco – veintiuno – cincuenta y cuatro – nueve – doce – veintinueve – cien – treinta y cinco – ochenta y nueve – noventa y ocho.
29 – 8 – 5 – 100 – 50 – 43 – 92 – 6 – 16 – 88 – 77 – 11 – 15 – 67.

12. *Pregunta por el precio*
1. Ciento veinte pesetas **2.** novecientas pesetas **3.** quinientas pesetas **4.** tres mil pesetas **5.** doscientas pesetas **6.** trescientas pesetas **7.** cuatrocientas pesetas **8.** mil ochocientas pesetas **9.** cincuenta mil pesetas **10.** ciento diez pesetas **11.** cinco mil pesetas.

13. *combinar* – kombinieren
1. la leche fresca **2.** el pantalón nuevo **3.** el vino claro **4.** el congreso ilegal **5.** la merluza bien pesada 6. la cabina roja **7.** el billete falso **8.** la habitación barata **9.** la pastelería española **10.** la tienda buena **11.** el problema complicado **12.** la noche oriental **13.** el bazar alemán **14.** el tiempo bueno **15.** el hotel caro **16.** el bar original **17.** la cerveza barata **18.** el vestido verde **19.** el pan integral **20.** la última moda (!)

Lectura 2
1 no. **2** sí. **3** no. **4** no. **5** no. **6** sí.

TEMA 3

¡Escucha! 3
por teléfono: **sí** en el coche: **no** en la bodega: **no** en la fiesta: **sí** contándose la vida: **sí** ligando: **no** gustos: **sí**

1. *Saludos* (Die folgenden Lösungen sind Vorschläge, es gibt auch andere Möglichkeiten)
1. P: Hola Carmen. P: Bien, ¿y tú? **2.** I: Hola I: Bueno, no hay nada nuevo ...

3. V: Buenas tardes, señor. G: ¿Cómo está usted? G: Bien. **4.** P: Vale. P: Hasta mañana. **5.** I: Me voy. P: Adiós Isabel. **6.** V: Buenas noches, señora. G: Adiós.

2. *¿Quién es?*
1. abuelo **2.** tía **3.** abuelos **4.** primo **5.** tíos **6.** tíos **7.** hermanos **8.** hermano, yo
.

3. Aufforderungen
1. Dígame **2.** Perdone. **3.** Vamos **4.** Espera un momento. Ahora voy. **5.** Oiga.

4. *El pronombre en acusativo*
1. ¿Compras el vestido? No, no **lo** compro. **2.** ¿Compras los billetes? No, no **los** compro. **3.** ¿Compras la carne picada? No, no **la** compro. **4.** ¿Compras los discos? No, no **los** compro. **5.** ¿Compras las sardinas? No, no **las** compro. **6.** ¿Compras el vino? No, no **lo** compro. **7.** ¿Compras las madalenas? No, no **las** compro. **8.** ¿Compras los casetes de música? No, no **los** compro. **9.** ¿Compras el champán francés? No, no **lo** compro. **10.** ¿Compras la leche? No, no **la** compro.

5. Reflexive Verben
1. se llama **2.** Te vienes **3.** me subo **4.** Nos tomamos **5.** os venís **6.** te llamas **7.** me llamo **8.** me vuelvo **9.** se toma **10.** se vienen.

6. *Ensalada de palabras*
1. Las patatas nuevas valen 50 pesetas por kilo. **2.** Yo tengo un SEAT Ibiza blanco. **3.** Los vinos semisecos no me gustan. **4.** Luis traduce instrucciones para aparatos electrodomésticos. **5.** A mí no me manda nadie a ninguna parte. **6.** La tercera botella está en el congelador. **7.** Isabel está morena porque sus padres tienen un solario. **8.** Amador tiene un billete de diez mil y necesita un pantalón rojo.

***7. Preguntas* – Fragen zum Text**
So könnten die Antworten lauten: **1**. Quedan para ir a una fiesta. **2**. En la puerta del teatro Calderón. **3**. A las cinco de la tarde. **4**. No sé / sí/ no /me da igual. **5**. Luisa va a Londres. **6**. Sí, mucho. **7**. Hay de todo: cerveza, sangría, vino portugués, güisqui, champán. **8**. Muy morena, muy guapa.

8. Wo gehört das Wörtchen hin?
Aquí en el hotel no hay teléfono público. **2.** Compra otra botella de champán. **3.** Tengo poco tabaco. **4.** Es un casete falso del mercadillo. **5.** Quiero un pantalón verde. **6.** No tengo ningún CD de Paco de Lucía. **7.** ¿Es el primer avión de la mañana? **8.** No, es el tercero. **9.** Me da dos kilos de patatas nuevas.

9. Wie geht der Satz weiter?
1. El primo de mi tío es mi hermano. **2.** ¿Julián? Yo no lo conozco muy bien. **3.** Este champán es muy bueno. **4.** El champán está en el coche. **5.** ¿Las madalenas? Yo no las compro hoy. **6.** Los vasos están en el armario.

10. Welches der beiden Pronomen paßt? 1. me **2.** usted **3.** se **4.** lo **5.** la **6.** nos **7.** le **8.** las

11. ***Explica la diferencia***
1. Er sieht immer gut aus. – Er hat sich in Schale geworfen.
2. Frisch aus der Fabrik – Wie neu, sehr gut erhalten.
3. Sie hat einen bösen Charakter. – Ihr ist schlecht.
4. Ein dunkler Typ – Braungebrannt.

13. ***¿La forma correcta de ser o estar?***
1. estamos **2.** es **3.** está **4.** es **5.** soy **6.** Estoy **7.** estás **8.** es/está **9.** es **10.** está/ Está **11.** es **12.** somos **13.** está **14.** somos **15.** está

14. ***Poner en orden***
1e5 – 2h2 – 3f3 – 4c8 – 5g1 – 6b6 – 7d7 – 8a4.

15. Konjugieren Sie im Heft
– Pertenezco, perteneces, pertenece, pertenecemos, pertenecéis, pertenecen
– encuentro, encuentras, encuentra, encontramos, encontráis, encuentran
– salgo, sales, sale, salimos, salís, salen
– quiero, quieres, quiere, queremos, queréis, quieren
– reconozco, reconoces,reconoce, reconocemos, reconocéis, reconocen
– me vuelvo loco (Frauen sagen loca), te vuelves loco, se vuelve loco, nos volvemos locos (nur Frauen: locas), os volvéis locos, se vuelven locos.

16. Die richtig Form des Verbes: 1. a **2.** b **3.** c **4.** b **5.** c 6. b

18. Familiensalat
1. su **2.** vuestro **3.** mi **4.** vuestro **5.** su **6.** sus, mis

Lectura 3
1 no. **2** no. **3** sí. **4** no. **5** sí. **6** sí.

TEMA 4

¡Escucha! 4
en casa 1. no **2.** no **3.** sí **4.** no **5.** sí
En el restaurante/ la entrada: sí primer plato: **no** segundo plato: **sí** tercer plato: **no** cuarto plato: **no** quinto plato: **no** plato fuerte: **sí**

I. ***Pon las siguientes frases al préterito perfecto***
1. Esta mañana ha empezado el congreso. **2.** Hemos ido en taxi al banco para cambiar dinero. **3.** He ido a comer con un colega. **4.** Esta semana Amador ha

dado conciertos en la calle. **5.** Le gente le ha dado mucho dinero. **6.** ¿Has hablado con el director? **7.** No hemos discutido el problema. **8.** En la fiesta los esnobs han tomado wodka y han comido hamburguesas. **9.** ¡Uyyy, tu champán se me ha subido a la cabeza. **10.** Este año Alfonso ha vivido y trabajado en Barcelona. **11.** Héctor y Lola se han encontrado en un restaurante. **12.** Te lo he preguntado.

3. *Pon las flechas*
1d8 – 2f1 – 3h2 – 4a7 – 5g3 – 6b4 – 7e5 – 8c6.

4. *Pepa cuenta ...*
1. he desayunado **2.** ha venido **3.** hemos salido **4.** hemos comprado **5.** ha pagado **6.** ha tomado, ha hablado **7.** han llamado, ha tenido.

5. *¿Cómo se dice en alemán?* (Sie finden hier Vorschläge für eine freie Übersetzung)
1. Ich rauche schon lange nicht mehr. **2.** Isabel hat den Tisch gedeckt. **3.** Ist der Eintopf fertig? **4.** Den ganzen Morgen habe ich zu nichts Zeit gehabt. **5.** Manolito, iß nicht mit vollem Mund. **6.** Ich bin deine Launen leid! **7.** Laß mich in Ruhe. **8.** Sonst bin ich zu nichts zu gebrauchen. **9.** Du hast zu nichts Lust. **10.** Wir sitzen schon eine halbe Stunde hier an diesem Tisch. **11.** Ich mach mir nichts aus Fisch. **12.** Der Thunfisch ist mit Reis, Butter und Orangen zubereitet. **13.** Guten Appetit! **14.** Ich esse, was mir Spaß macht. **15.** Bringen Sie uns bitte die Rechnung. **16.** Da steht alles.

6. *Crucigrama*
1. Cuenta **2.** ligar **3.** difícil **4.** mandar **5.** trescientas **6.** cabina. **Lösung:** Ni idea.

7. Wie heißt das auf deutsch?
1. das Fräulein **2.** ein Autochen **3.** ein Fläschchen **4.** das Großmütterchen **5.** ein Säftchen **6.** der kleine Kaffee zwischendurch **7.** ein Brötchen **8.** ein Zigarillo **9.** ein Gläschen (Wein, Cognac, Likör, aber immer ein Glas mit Stiel) **10.** eigentlich der kleine Markt, in der Tat der manchmal sehr große Wochenmarkt **11.** ein fritierter kleiner Fisch **12.** ein bißchen Geld

9. Sie fahren mit einem Freund
1. esta **2.** este **3.** estas **4.** este **5.** estos **6.** este

10. *Pon el número correspondiente*
1. quinta **2.** cuarto **3.** tercera **4.** segundo, quinto **5.** primer **6.** sexto **7.** cuarta **8.** primera **9.** séptimo

11. *¿Cómo se dice en español?*
1. Hoy he vendido nuestro coche. **2.** No hemos vivido en Alicante. **3.** ¿Has visto esa

película? **4.** Te he servido un cocido fantástico y no te gusta. **5.** Camarero, ¡qué asco! Este atún está recalentado. **6.** Eres un capitalista.**7.** ¡Qué va! No tengo dinero. **8.** ¡Cuánto me gusta este arroz! **9.** Te llevo al aeropuerto. **10.** No gracias. Quiero tomar/coger un taxi.

Lectura 4

1 no. **2** sí. **3** sí. **4** no. **5** sí. **6** sí.

TEMA 5

¡Escucha! 5

En un centro de salud / me duele todo: **sí** ayy, el tabaco: **sí** uno que no quiere trabajar: **sí** ¿el pie roto?: **no**

Centro de Belleza / entre mujeres: **sí** problemas de línea: **sí** criticando: **no** teoría de la belleza: **no** consejos: **no** en la recepción: **sí** todo tiene su precio: **no** en la salida: **sí**

1. Murmeln sie vor sich hin

me llamo - te llamas - se llama - nos llamamos - os llamáis - se llaman / me siento mal - te sientes mal - se siente mal - nos sentimos mal - os sentís mal - se sienten mal / me voy - te vas - se va - nos vamos - os vais - se van / me canso - te cansas - se cansa - nos cansamos - os cansáis - se cansan / no me encuentro bien - no te encuentras bien - no se encuentra bien - no nos encontramos bien - no os encontráis bien - no se encuentran bien / me cambio - te cambias - se cambia - nos cambiamos - os cambiáis - se cambian

2. Reflexiv oder normal?

1. me siento **2.** encuentro **3.** se encuentra **4.** cansa **5.** se llama **6.** Me voy. **7.** llama **8.** vamos **9.** siento **10.** llama.

3. *Preguntas sobre el texto*

1. No, porque es un médico simpático. **2.** No tiene ningún síntoma, sólo no quiere ir a trabajar. **3.** No, no le da de baja, porque el muchacho no está enfermo. **4.** Se ha caído por las escaleras. **5.** En las costillas, en la espalda y en el pie. **6.** Puede ir a un gimnasio o puede dejar de comer tanto. **7.** Lo mismo. **8.** Sí, si son pasteles sin azúcar. Si no - no.

4. *Pon las formas de todo, cada o nada ...*

1. toda la **2.** Cada **3.** Todos los **4.** nada **5.** todo **6.** todas las **7.** Todo **8.** Cada **9.** nada **10.** toda la **11.** Cada **12.** cada.

5. *Aquí faltan los participios*

1. hecho **2.** dicho **3.** escrito **4.** visto **5.** puesto **6.** muerto **7.** abierto **8.** hecho.

7. *Relaciona*

1c – 2h – 3e – 4g – 5a – 6f – 7b – 8d

8. Setzen Sie die richtige Form des Verbes ein
1. se siente **2**. pierde **3**. decimos **4**. me caigo **5**. pide **6**. os movéis.

9. *Contesta con un pronombre*
1. Lo **2.** los **3.** lo **4.** Las **5.** lo **6.** los **7.** lo **8.** las

10. Vorschläge formulieren (Es gibt immer auch andere Möglichkeiten)
1. Vamos al restaurante. **2.** Vamos a comprar champán. **3.** ¿Por qué no haces una dieta? **4.** ¿Qué te parece, si pierdes cuatro kilos? **5.** ¿Qué te parece, si vas al médico? **6.** ¿Por qué no paga con un cheque? **7.** Vamos a la piscina. **8.** ¿Por qué no vamos al teatro mañana? **9.** ¿Por qué no se sube al coche? **10.** ¿Qué te parece si tomas una cerveza? **11.** No se preocupe. **12.** ¿Por qué no dejas de fumar? **13.** Vamos a comer una merluza a la vasca.

11. Zu zweit Dialoge schreiben (Wir schlagen vor:)
1. Ayy, tengo dolor de cabeza. *¿Qué te pasa?* **No sé, no he dormido bien.** *¿Has comido mucho anoche?* **No, no he comido nada.** *Entonces, ¿por qué no pides hora al médico?* **Bueno, no sé ...**
2. Mañana voy al gimnasio. *Ahh. Muy interesante.* **¿No te quieres venir?** *¡Yo!* **Sí, ¿por qué no?** *No, no, me da vergüenza.* **¿Vergüenza?** *Sí, estoy muy gorda.* **Por eso te viene bien ir al gimnasio.**

12. *Traducción*
1. Me he caído por las escaleras. **2.** Me duele la pierna. **3.** Pido hora al médico. **4.** El médico me dice: No es nada grave. **5.** Manuela va a un gimnasio. **6.** Cada día pierde un kilo. **7.** Se mueve mucho. 8. Ahora se siente mejor.

13. Hier fehlen die Befehlswörter
(Immer wenn ein Pronomen an die Befehlsform angehängt wird, verschiebt sich die Betonung des Wortes nach vorne. Beachte die Sätze: 1, 3, 4, 5 und 6.) **1.** ¡Déjame en paz! **2.** ¡Mira, un Ferrari descapotable! **3.** ¡Tráeme un vaso de la cocina! **4.** ¡Espérame en el bar del teatro! **5.** ¡Llámame mañana por la mañana! **6.** ¡Cállate, que no me dejas escuchar la radio! **7.** Sube las escaleras! **8.** ¡Compra leche, no queda!

Lectura 5
1 no. **2** no. **3** no. **4** sí. **5** sí. **6** no.

TEMA 6

¡Escucha! 6
1. no **2.** sí **3.** no **4.** no **5.** sí **6.** no **7.** no **8.** sí **9.** no **10.** no

1. *¿Qué hora es?*

Son las: **1.** catorce/dos de la tarde **2.** quince y cinco/tres y cinco de la tarde **3.** veinte y diez/ocho y diez de la noche **4.** diez y veinte **5.** once y cincuenta y cinco/ doce menos cinco **6.** doce y cuarto /y quince (del mediodía) **7.** cuatro y cuarenta y cinco /cinco menos cuarto (de la mañana) **8.** diecinueve y treinta/siete y media de la tarde **9.** tres y cincuenta y tres **10.** cuatro y siete **11.** seis y ocho **12.** diecinueve y cincuenta y dos/ocho menos ocho de la tarde **13.** veintitrés y quince/once y cuarto de la noche **14.**veintidós y treinta y siete/once menos veintitrés de la noche.

2. Fragen zum Text

1. (Se encuentra) en un programa de radio que se llama „Vivir cada día". **2.** Es un invitado para el programa. **3.** Trabaja en una oficina. **4.** A las seis y cuarto. **5.** No, desayuna en casa. **6.** En metro. **7.** Sí, le gusta. **8.** Va a tomar una cerveza. **9.** Una vez por semana para tomar una copa y una vez al mes para ir al cine o al teatro. **10.** No, no se entienden políticamente. **11.** No, tienen que pagar el crédito de su chalet adosado. **12.** No se puede quejar.

4. ***Traducir***

1. A las nueve de la noche me levanto. **2.** Por la noche trabajo. **3.** A las cinco en punto tomo un taxi. **4.** A las cinco y media llego a casa. **5.** A tiempo para la cena. **6.** A media mañana me ducho. **7.** Por la tarde veo televisión. **8.** Un momento. Hay algo que no funciona.

5. Schreiben Sie's auf deutsch

1. Schwiegermutter **2.** Schwiegervater **3.** Schwiegereltern **4.** Schwager **5.** Schwägerin **6.** Enkel **7.** Enkelin **8.** Neffe **9.** Nichte **10.** Schwiegersohn **11.** Schwiegertochter **12.** Cousine

6.*¿Quién es?*

1. primo **2.** hijo **3.** hermana **4.** hermana, yo **5.** hija **6.** cuñados (oder: mi hermana y mi cuñado, mi hermano y mi cuñada) **7.** suegros.

7. ***Contesta negativamente***

1. No hay nadie. **2.** Yo no tengo dinero tampoco. **3.** No queda nada. **4.** No hay ningún Hotel Europa por aquí. **5.** No ha venido nadie. **6.** No te quiero tampoco. **7.** No me pasa nada. **8.** No hay ninguna biblioteca en esta calle.

8. Unterstreichen Sie alle Adverbien aus dem Tema

1. nuevamente **2.** siempre **3.** siempre **4.** normalmente **5.** antes **6.** antes **7.** antes **8.** normalmente **9.** directamente **10.** ahora **11.** también **12.** después **13.** políticamente **14.** demasiado **15.** tampoco

9. *Contesta negativamente*

1. Yo tampoco voy. **2.** Nadie la ha visto. **3.** Ninguno me gusta. **4.** No, nada. **5.** Yo tampoco tengo. **6.** Ningún colega ha estado en la fiesta. **7.** Nadie me quiere. (*Schluchz*)

10. *Wie würden Sie ausdrücken ...?*

1. Mañana voy a hacer algo de deporte. **2.** Acabo de ver al señor Gutiérrez. **3.** (Me) voy a fumar un cigarillo. **4.** Acabo de tomar una cerveza. **5.** Voy a poner la mesa. **6.** Acabo de levantarme. **7.** Acabo de ver a Julia. **8.** Voy a traer la sopa. **9.** Acabo de oír que ha muerto el presidente. **10.** Voy a llamar a Juan. **11.** Acabo de llamar a Pedro. **12.** Voy a mirar en la cocina.

11. *Llamas a Carmen*

1. Carmen acaba de salir. **2.** Acaba de despertarse. Ahora se ducha. **3.** Acaba de salir al trabajo. Entra a las nueve y media. **4.** Ahora mismo va a volver. **5.** Te va a llamar.

12. Verteilen Sie diese Verben – in der passenden Form

1. Me despierto a las siete de la mañana. **2**. Siempre consigues lo que quieres. **3**. ¿Por qué no friegas los platos? **4**. Nos sentamos en el bar para hablar un rato. **5**. José-Luis se sienta en el sofá. **6**. Esta mañana nos hemos despertado a las cinco. **7**. No consigo terminar este trabajo. **8**. Manuel friega después de la cena.

Lectura 6

1 no. **2** sí. **3** no. **4** sí. **5** no. **6** no.

TEMA 7

¡Escucha! 7

entre amigas: **sí** poner las cartas sobre la mesa: **sí** en el piso compartido: **sí** en pareja: **no** en familia: **no** ¡aquí mando yo!: **sí**

1. Resümee ...

Antes... **1.** ...me querías **2.** ...nos hablábamos **3.** ...salíamos juntos **4.** ...me entendías **5.** ...me mirabas **6.** ...me comprabas joyas **7.** ...te gustaba **8.** ...me llevabas a comer por ahí **9.** ...me mandabas cartas de amor **10.** ...me servías el desayuno los domingos **11.** ...aguantabas mis caprichos **12.** ...fregabas los platos **13.** ...hacíamos el amor **14.** ...quería vivir contigo **15.** ...quería vivir.

2. *¿Cuál es la forma del pretérito imperfecto?*

1. hablaba **2.** podías **3.** queríamos **4.** sentía **5.** teníais **6.** íbamos **7.** me llamabas **8.** compraban **9.** vendía **10.** te sentabas **11.** salía **12.** traducíais **13.** encontrábamos **14.** volvía **15.** veía **16.** éramos **17.** sabías **18.** daba.

3. ***¿Cómo era antes?***

1. La gente estaba en la calle. **2.** No se veía tanto la televisión. **3.** Se vivía tranquilamente. **4.** Se trabajaba, pero la gente no tenía dinero. **5.** Había hambre y había alegría. **6.** Muchos no iban a la escuela y no tenían mucha cultura. **7.** Los hijos les tenían respeto a sus padres.

4. Schreiben Sie alle Imperfekt-Formen aus dem Dialog raus

1. llamabas **2.** salíamos **3.** contabas **4.** teníamos **5.** había **6.** estabas **7.** salíamos **8.** llevabas **9.** besabas **10.** eras **11.** pasaba

5. ***Aquí faltan los pronombres***

1. te lo **2.** te lo **3.** me lo **4.** se la **5.** se lo **6.** te lo **7.** te lo **8.** me lo **9.** me la **10.** te lo.

6. ***La posición de pronombres***

1. Quiero decirte una cosa. **2.** Me acaban de llamar mis suegros. **3.** Voy a mandaros el libro mañana. **4.** Estoy buscándolo (!) pero no lo encuentro. **5.** Quiero dártelo, pero no sé donde está. **6.** Lo siento señor, no puedo permitírselo. **7.** Señora Escribano, ¿no podemos llamarla por la tarde? **8.** Pedro ha dicho que vuelve a llamarnos a las ocho.

7. Drücken Sie sich kurz und bündig aus

1. Se liga mucho y se duerme poco. **2.** Se compran cosas malas y se paga mucho dinero. **3.** Se toma vino malo y se habla mucho. **4.** Se duerme mucho y se come bien. **5.** Se ve televisión y luego se va a la cama. **6.** Se busca un hotel y se desayuna un café con leche y croisssants.

8. ***¿Qué está haciendo Paco ...?***

1. Paco está hablando con su novia. **2.** Está discutiendo un problema importante. **3.** Está pasando un momento agradable. **4.** Está leyendo un libro interesante. **5.** Está escuchando la radio. **6.** Está comiendo un bocadillo. **7.** Está fumando un cigarrillo. **8.** Está durmiendo (!) tranquilamente. **9.** Está preparando un examen. **10.** Está escribiendo una carta. **11.** Está cerrando el libro. **12.** Está viendo la tele.

9. Problemas, problemas, problemas ...

en el piso compartido 1. El dueño dice que los vecinos se quejan del ruido. Los chicos dicen que tiene que arreglar el calentador. **2.** No lo dejan estudiar. **3.** Están de fiesta toda la noche, se lo beben todo y no traen cerveza.

en pareja 1. Antes era más cariñoso, ahora no sale con ella, no la lleva a cenar y la besa poco. **2.** Angel dice que tiene un problema pero no es nada grave.

en familia 1. Su padre no la deja ver la tele. **2.** Es un dictador.

aquí mando yo 1. El hijo llega demasiado tarde. **2.** Antes de la diez y media na hay nadie.

10. ¿Cómo sigue la frase?
1f. 2e. 3d. 4c. 5b. 6a.

12. *Traducción*
1. ¿Qué hacéis? Seguimos haciendo lo mismo. **2.** Me gusta tomar un güisqui. ¿Quieres uno también? **3.** No gracias, prefiero tomar café. **4.** Suele fumar setenta cigarrillos al día. **5.** Cada día le vuelvo a repetir que eso es malo. **6.** Acabo de ver una película estupenda. **7.** Siento no poder entender eso. **8.** Acabo de hablar con un amigo. **9.** Ahora mismo no tengo tiempo. Te voy a llamar en seguida.

Lectura 7
1 sí. **2** no. **3** sí. **4** no. **5** no. **6** sí.

TEMA 8

¡Escucha! 8
en la puerta de Correos: **no** en la policía: **no** en la sucursal del banco: **sí** en la ventanilla del ferrocarril: **sí** en la aduana: **no** en la casa de la cultura: **no** en la oficina de empleo: **sí**

1. *Pon los comparativos*
1. más **2.** mejor **3.** mayor **4.** mejor **5.** menos **6.** mayor / menor

2. Fragen zum Text
1. Con un mensajero. **2.** El carnet de conducir y los papeles del coche. **3.** En la oficina central. **4.** Para estudiantes. **5.** Presentar el carnet de estudiante. **6.** Por ejemplo un flash para una cámara de vídeo. **7.** Hablando con la secretaria. **8.** Otra persona, como el compañero que ahora mismo ha salido.

3. *Días y meses*
1. lunes **2.** sábado y domingo **3.** junio, julio y agosto **4.** sábado **5.** jueves **6.** diciembre, enero y febrero.

4. *Relaciona*: 1g – 2f – 3a – 4e – 5h – 6c – 7d – 8b.

5. *Escribe con letras*
1. el dos de abril de mil novecientos sesenta y cuatro **2.** el diecisiete de junio de mil novecientos cincuenta y tres **3.** el veinte de julio de mil novecientos cuarenta y cuatro **4.** el doce de diciembre de mil doscientos doce **5.** el trece de octubre de

mil novecientos noventa y dos **6.** el treinta de setiembre de mil novecientos treinta y nueve **7.** el veintinueve de febrero de mil setecientos sesenta y cuatro **8.** ...

6. *Preposiciones*

1. de las, a las **2.** antes de **3.** en **4.** a **5.** antes del **6.** hasta **7.** después del **8.** de **9.** Por **10.** para.

7. *Traducción*

1. El niño ya sabe contar. **2.** Pagar, por favor. **3.** Siempre te metes conmigo. **4.** ¿Por qué se ha quedado en casa? **5.** Ibamos tres en el SEAT. **6.** Hemos quedado a las cuatro en la estación. **7.** Uyyy, eso me vuelve loco. **8.** Mi hermana se ha hecho médico. **9.** ¿No te sientes bien? **10.** ¿Qué? ¿Muerto? Lo siento.

8. *Contesta con sí o con no*

1. No, no son suyos. **2.** Sí, es suyo. **3.** No, no es suya. **4.** Sí, son suyas. **5.** No, no es suyo. **6.** Sí, son suyos. **7.** No, no es nuestra.

9. Setzen Sie ins *pretérito imperfecto*

1. Sabía que en el banco no trabajaban. **2.** Tenía que llamar por teléfono. **3.** Llevaba una carta urgente. **4.** Mi coche estaba en la calle Sotelo. **5.** Quería hacer una pregunta. **6.** No quedaban plazas. **7.** Era difícil encontrar un sitio. **8.** El señor no me podía informar. **9.** Había un problema. **10.** El compañero no estaba en este momento.

11. Schreiben Sie Dialoge (Wir schlagen hier eine Möglichkeit vor, natürlich sind noch 20 oder 200 andere Versionen möglich)

1. ¿Me cambia este dinero, por favor? *Este dinero, ¿de dónde es?* **Son chelines austríacos.** *Uff, no sé si lo aceptamos. ¿Cúantos chelines tiene?* **Son 14 mil.** *Uyy, eso es mucho dinero. ¿Por qué no va a nuestra oficina central?*

2. ¿Tiene algo que declarar? *No, nada.* **¿Me abre su maleta?, por favor.** *Sí, claro.* **¿Esto qué es?** *Es una cámara fotográfica.* **Esto lo tiene que declarar.** *Pero si tiene cuatro años.* **¿Tiene los papeles?** *¿Después de tanto tiempo?* **Entonces lo siento, pase por aquí ...**

12. Fragen Sie besonders betont

1. ¿El coche te pertenece a ti? **2.** ¿Lo que dice Luis os gusta a vosotros? **3.** ¿Juan le escribe una carta a ella? **4.** ¿Esto me lo dice a mí? **5.** ¿Yo te llamo a ti? **6.** ¿Esto no nos parece bien a nosotros? **7.** ¿El señor les pregunta a ustedes? **8.** ¿La comida no les gusta a ellas? **9.** ¿El jefe te da más dinero a ti? **10.** Carlos no me ha dicho nada a mí. **11.** ¿Yo le he visto a él?

Lectura 8

1 no. **2** sí. **3** sí. **4** no. **5** sí. **6** sí.

CLAVE

Lösung und Auswertung der Wiederholungstests

Die Texte der Hörverständnisübungen stehen [in eckigen Klammern].

Test 1

1. ***Comprensión auditiva***

1. dinero **2.** frío **3.** autobús **4.** último **5.** español **6.** billetes **7.** en todas partes **8.** mitad **9.** vestido **10.** habitación

2. ***Comprensión auditiva***

1. 600 **2.** 7000 **3.** 500 **4.** 4-8-9-0-6 **5.** 2-5-7-1-3 **6.** 9 **7.** 15 **8.** 20.000 **9.** 12.200 **10.** 800 **11.** 700 **12.** 135 **13.** 4.500 **14.** 50-42-15 **15.** 13-17-16 **16.** 85 **17.** 36 **18.** 750 **19.** 19.658 **20.** 4

3. Kreuzen Sie die richtige Antwort an:

1b. 2b. 3b. 4b. 5a. 6b. 7c. 8b. 9c. 10a. 11c.

4. Kreuzen Sie das fehlende, korrekte Wort an:

1c. 2c. 3c. 4b. 5c. 6b. 7b. 8c. 9b. 10c.

5. ***Comprensión auditiva***

1b [Vamos al aeropuerto]. **2a** [El hotel está en la plaza]. **3c** [Esta noche empieza el congreso]. **4c** [El disco de Paco de Lucía vale 2000 ptas]. **5a** [Aquí tengo un pantalón rojo].

Auswertung für Test 1

20 – 35 Punkte:

Phantastisch! Trotzdem sollten Sie sich noch mal die Vokabeln genauer anschauen und mit dem Zeigefinger der rechten Hand die Grammatik überfliegen. Bei den schwarzen Kästchen dann etwas einhalten. Zum Schluß dann noch mal die Dialoge durchgehen – dann steht einem deutlich verbesserten Wissensstand nichts mehr im Weg.

36 – 49 Punkte:
Phantastisch! Gar nicht so übel für den beschwerlichen Anfang. Analysieren Sie Ihre Fehlerquellen, schauen Sie nach, warum es anders richtig ist – der Rest kommt dann von selbst.

50 – 56 Punkte:
Phantastisch! Haben Sie einen spanischen Muttersprachler im Ohr, der souffliert? Verderben Sie sich's nicht mit ihm, er kann noch hilfreich sein!

Test 2

1. ***Comprensión auditiva***
1. la manzana **2.** apetecer **3.** la lechuga **4.** allí **5.** una vez **6.** el cocinero **7.** el ojo **8.** la tortilla **9.** el azúcar **10.** el queso **11.** cerrado **12.** la policía **13.** la naranja **14.** la jarra **15.** guapo **16.** la gente **17.** tercero **18.** el viaje

2. Welche ist die passende Antwort?
1b. 2b. 3a. 4b. 5b. 6a. 7b. 8c. 9c. 10b.

3. ***Comprensión auditiva***
1c. 2c. 3f. 4c. 5f. 6c. 7f.
[«¿Cómo estoy?, preguntas. Pues bien, pero estoy un poquito cansada. Ahora estamos a tope de trabajo. Pero la semana que viene voy a Londres. Me manda mi jefe a un cursillo. Es fantástico. ..... Ahora me voy a tomar algo. A ver lo que hay: cerveza, sangría, vino portugués, güisqui .... Bueno, me tomo un poco de sangría. A ver donde están los vasos ... Ahh, aquí en la cocina.»]

4. Kreuzen Sie das fehlende Wort an:
1c. 2c. 3b. 4a. 5b. 6b. 7c. 8c. 9b. 10c. 11c. 12b.

5. ***Ser* oder *estar*?**
1. está, está **2.** eres **3.** es **4.** estamos **5.** son **6.** estoy **7.** está **8.** es **9.** sois, sois **10.** están

6. ***El pretérito perfecto***
1. Mis abuelos han comido melocotones en almíbar. **2.** No me han gustado las películas americanas. **3.** Mi tío ha abierto un bar. **4.** José me ha invitado a comer.

5. La señora Escribano ha tenido muchas cosas que hacer. **6.** Nuestra hermana se ha quedado en casa. **7.** Luis me ha contado su vida. **8.** ¿Por qué no habéis venido?

Auswertung für Test 2

0 – 30 Punkte:
Phänomenal fiel dieser Test nicht gerade aus. Aber wir stehen ja noch ziemlich am Anfang. Also – jetzt wird ordentlich in die Hände gespuckt, wir steigern das Brutto-Studier-Produkt.

31 – 72 Punkte:
Phänomenal! Sie haben ganz okay abgeschnitten. Stecken Sie Ihre Nase trotzdem noch ein paar Zentimeter tiefer ins Buch, dann können Sie bis zum Ende des Schuljahres noch Primus werden.

72 – 81 Punkte:
Phänomenal! Super! Bärenstark! Sie dürfen sich fühlen wie jemand, der auf dem Jahrmarkt gerade einen riesigen rosa Teddybär gewonnen hat. Hoffentlich war's kein Zufall!

Test 3

1. ***Comprensión auditiva***
1. médico **2.** ocho, dos 2, la tarde **3.** centro, media **4.** a tiempo **5.** venido **6.** respirar, tos **7.** fuma mucho **8.** tabaco **9.** paquetes **10.** de verdad, dejar **11.** comer más **12.** adelgazar

2. ***Comprensión auditiva***
1f. 2c. 3f. 4f. 5f. 6f. 7c. 8c. 9f. 10f.
[«Esta mañana me he levantado a las siete y media. He desayunado en casa y luego he tomado el metro para ir a la oficina. He entrado a las nueve en punto. A media mañana he salido con un compañero para tomar café en el bar de la esquina. Luego he vuelto a la oficina y he trabajado hasta las dos. A las dos he salido con el jefe para comer. Hemos tenido que hablar de una cosa importante. A las seis y media he terminado y he tomado el metro otra vez para volver a casa.

Después de la cena hemos visto una película interesante. A las once nos hemos ido a la cama. Así pasan todos los días de mi vida.»]

3. *Gramática*
1b. 2c. 3b. 4c. 5a. 6b. 7c. 8b. 9c. 10b. 11a. 12c. 13b. 14b. 15c. 16b.

4. Kreuzen Sie die passende Antwort an:
1a. 2b. 3b. 4c. 5a. 6b. 7b. 8b. 9a. 10b. 11b. 12c. 13b. 14a. 15c.

Auswertung für Test 3

0 – 12 Punkte:

¡Estupendo! Abe vieleis Sie solle nock es-tudire ain bisje mäh. Dann Sie macke weniga Fehla. Also, Sie braucke nuu ain bisje disciplina unn alle geht wundabaa.

13 – 47 Punkte:
¡Estupendo! Die paar kleinen Macken kriegen wir auch noch raus. Sie brauchen nur einen guten Optiker, der die Gläser schleift für die Brille, mit der man ganz genau hinsehen kann. Manchmal sollten Sie sich fragen: wie geht das eigentlich 100% genau?

48 – 53 Punkte:
¡Estupendo! Wann macke du so waita, du noo birs esreibe es-panise Roman oda novela. Aber bis dahin wird noch viel Sherry aus den Fässern von Jerez de la Frontera fließen.

Test 4

1. *Comprensión auditiva*
1c. 2f. 3c. 4c. 5f. 6f. 7f. 8c. 9c. 10f.
[Der gehörte Text ist der Anfang aus Tema 7 «entre amigas» und «poner las cartas sobre la mesa».]

2. *Comprensión auditiva*
1. piso compartido **2.** ni se friega **3.** trae, en seguida **4.** compañeros **5.** tiene que estudiar **6.** entre amigos **7.** a otro sitio **8.** muy agradable

3. Welches Wort paßt? Machen Sie ein Kreuzchen:
1b. 2c. 3a. 4b. 5a. 6c. 7b. 8c. 9b. 10a. 11c. 12c. 13b. 14b. 15a. 16c. 17c. 18c.

4. Wie lautet die einzig sinnvolle Antwort?
1a. 2a. 3c. 4b. 5c. 6a. 7a. 8c. 9a. 10a. 11c. 12c. 13b. 14c. 15c. 16c. 17b. 18c. 19c. 20b.

Auswertung für Test 4

0 – 8 Punkte:
¡Superbueno! ist dieser Test für Sie überhaupt nicht ausgefallen, eher «fatal» bis nicht berühmt. Konsultieren Sie einen guten Lehrer, und lassen Sie sich von ihm/ihr auf die Sprünge helfen.
9 – 32 Punkte:
¡Superbueno! – davon kann auch für Sie noch keine Rede sein. Vielleicht legen Sie mal ein kompaktes, intensiveres Wochenende zum Nachholen und Vertiefen ein. Und vielleicht buchen Sie mal eine Reise nach Mexiko oder Nicaragua. Die Aussicht, sich bald auf spanisch verteidigen zu müssen, wirkt motivierend.
33 – 50 Punkte:
¡Superbueno! wäre übertrieben, aber «regular» bis muy bien ist der Test für Sie ausgefallen. Hören Sie sich die Cassette noch ein paarmal an, käuen Sie die letzten drei Lektionen wieder, nehmen Sie das Buch mit in die S-Bahn, den Intercity, ins Wartezimmer oder ins Seminar. Wer sich berieseln läßt, bei dem bleibt auch was hängen.
52 – 56 Punkte:
¡Superbueno!, im Ernst! Jetzt noch den Folgeband **Español Dos** (rororo sprachen 8845) mit der gleichen disciplina studieren und einen zweimonatigen Kurs in Spanien, Kolumbien oder Feuerland absolvieren, dann steht Ihrer Kandidatur zum «Premio Cervantes» nichts mehr im Weg.
57 bis 60 Punkte:
¡Superbueno! Sie sind ein Genie!

Ortografía y pronunciación
Rechtschreibung und Aussprache

Zuerst einiges, das im Spanischen ganz anders ist als im Deutschen:

1. Es gibt keine doppelten Konsonanten.
2. Es gibt keine Umlaute (**ä**, **ö**, **ü**).
3. Es gibt kein **ß** und, außer in Fremdwörtern, kein **w**.
4. **ch**, **ll** und **rr** sind eigene Laute und werden nicht getrennt. **ch** und **ll** stehen in Alphabet und Wörterbuch hinter **c** und **l**.

Die Vokale **a**, **e**, **i**, **o**, **u** werden meist kurz gesprochen. Die Endungen auf **-ado**, **-ido** etc. werden aber z. B. lang gesprochen. Konsonanten kommen nicht oft gehäuft hintereinander vor. Die Verschlußlaute **b**, **d**, **g**, **p**, **t**, **k** werden weniger stark gestoßen und haben keinen Hauch im Auslaut.

¡Ojo!
c und **g** werden je nach Vokal, der folgt, anders gesprochen.

geschrieben	gesprochen
a	[**a**] offen (dt. Kn**a**ll, M**a**l)
b	**1.** im Anlaut [**b**]
	2. intervokal [**b**-**v**] bilabial wie **b**, schwach gehaucht wie **v**
c	[**th** oder **k**]
ce, ci	**1.** [**the**, **thi**] (engl.)
ca, co, cu	**2.** [**ka**, **ko**, **ku**]
ch	[**tsch**] russ. Gorba**tsch**ov
d	**1.** [**d**] im Anlaut (dt. **d**ick)
	2. [**d**–**th**] intervokalisch mit Zungenspitze an Oberzähnen
	3. [**th** –] wie leichtes **th** oder unhörbar

e		[**e**] dt. schn**e**ll oder F**ä**hre
f		[**f**]
g		[**ch, g**]
	ge, gi	**1.** [**che, chi**] dt. Bu**ch**
	ga, go, gu	**2.** [**ga, go, gu**] dt. **G**ustav
	gue, gui	**3.** [**ge, gi**] dt. **Gi**eßen
h		[ ] bleibt immer stumm
i		[**i**] dt. v**ie**r, m**i**r
j		[**ch**] dt. Bu**ch**
k		[**k**] kommt nur in Fremdwörtern vor
l		[**l**] dt. **l**ahme **L**ust
ll		[**j** oder **lj**] meist wie dt. **J**ammer
m		[**m**] dt. **M**acho
n		[**n, ng**] **1.** [**n**] im Anlaut wie **N**ummer **2.** [**ng**] vor **c, g, qu, j** dt. Ma**ng**el
ñ		[**nj**] wie ital. Bolo**gn**a, frz. Champa**gne**
o		[**o**] dt. W**o**nne, W**o**rte
p		[**p**] wie **P**o**p**o, aber weniger stark gehaucht
q		[**k**] dt. **K**ilo, kommt nur als **que** und **qui** vor
r		[**r**] mit Zungenspitze gerollt, am Wortanfang wie **rr**
rr		[**rr**] doppelt gerollt
s		[**s**] dt. Flu**ß**, aber ohne Lippenspannung
t		[**t**] dt. **T**in**t**e, aber weniger gehaucht
u		[**u**] dt. **U**h**u**
v		[**b-v**] identisch mit spanischem **b**
w		[**w**] dt. **W**agen oder engl. **w**ater
x		[**ks, gs** oder **s**] umgangssprachlich meist wie **s**
y		[**j**] **J**ohann
z		[**th**] wie engl. **th**underbird

Nie, auch nicht im Auslaut, wird **e** stumm gesprochen wie dt. Amm**e**.

Deletrear
Buchstabieren

Me llamo Luis Llorente: ***elle – o – erre – e – ene – te – e***

a	***a***	k	***ka***	rr	***erre doble***
b	***be***	l	***ele***	s	***ese***
c	***ce***	ll	***elle***	t	***te***
ch	***ce hache, che***	m	***eme***	u	***u***
d	***de***	n	***ene***	v	***uve***
e	***e***	ñ	***eñe***	w	***uve doble***
f	***efe***	o	***o***	x	***equis***
g	***ge***	p	***pe***	y	***y griega***
h	***hache***	p	***pe***	z	***zeta***
i	***i***	q	***cu***		
j	***jota***	r	***erre***		

Häufige Rechtschreibfehler sind für manche Spanier die Verwechslung von **ll** und **y**, **b** und **v** und für Andalusier und Südamerikaner außerdem **z** und **s** (der **th**-Laut wird in Teilen von Andalusien auch für **s**, in Südamerika überhaupt nicht gesprochen. D. h. jedes **z** und **ce** und **ci** klingt wie **s**).

Fotonachweis

Till Bartels 14/15, 38/39, 96/97, 146
Gesche – M. Cordes 4/5
Christof Kehr 37, 160, 178/179
Ditta U. Krebs 59
Hans Werner Schläfer 95
Bernhard Schurian 66/67, 126/127, 148/149, 199, 200/201

GRAMÁTICA S.A.

Grammatik & Co.

Verzeichnis der wichtigsten grammatikalischen Strukturen, konjugierten Verben und Sprechformeln

Die Zahl steht für die Seite, auf der das Stichwort behandelt wird.

rororo sprachen

Der Grundkurs:

Uwe Kreisel /
Pamela Ann Tabbert
MultiLingua Englisch *von Anfang an*
(rororo sprachen 60481
mit Audio-CD 60435
Ton-Cassette 60482)

Armelle Damblemont /
Petra Preßmar
MultiLingua Französisch *von Anfang an*
(rororo sprachen 60477
mit Audio-CD 60436
Ton-Cassette 60478)

Christof Kehr /
Ana Rodriguez Lebrón
MultiLingua Spanisch *von Anfang an*
(rororo sprachen 60475
mit Audio-CD 60437
Ton-Cassette 60476)

Jutta J. Eckes /
Franco A. M. Belgiorno
MultiLingua Italienisch *von Anfang an*
(rororo sprachen 60479
mit Audio-CD 60438
Ton-Cassette 60480)

Der Aufbaukurs:

Uwe Kreisel /
Pamela Ann Tabbert
English Two *Englisch reden und verstehen*
(rororo sprachen
Buch 9320
Ton-Cassette 9321)

Isabelle Jue /
Nicole Zimmermann
Français Deux *Französisch reden und verstehen*
(rororo sprachen
Buch 9311
Ton-Cassette 9312)

3650/1

rororo sachbuch

Christof Kehr /
Ana Rodriguez Lebrón
Español Dos *Spanisch reden und verstehen*
(rororo sprachen
Buch 8845
Ton-Cassette 8846)

Jutta J. Eckes /
Daniela Concialdi
Italiano Due *Italienisch reden und verstehen*
(rororo sprachen
Buch 9517
Ton-Cassette 9518)

rororo sprachen wird herausgegeben von Ludwig Moos. Ein Gesamtverzeichnis aller lieferbaren Titel finden Sie in der *Rowohlt Revue*. Vierteljährlich neu. Kostenlos in Ihrer Buchhandlung.
Rowohlt im Internet:
http:/ / www.rowohlt.de